500
CURIOSITÀ STRANEZZE RECORD
DINOSAURI

Adattamento testi: Lisa Lupano
Coordinamento redazionale: Sara Galinetto
Art Director: Marco Santini
Progetto grafico e copertina: Fabio Mittini
Impaginazione interni: Stefania Merenda

Referenze iconografiche:
ILLUSTRAZIONI
DeA Picture Library; Davide Bonadonna, Inklink Firenze – Scuola di Comics - Master professionale – Benetti F., Bianchini L., Cianfriglia L., Conticelli C., Criscuolo L., Frosecchi S., Lanini M., Laschi I., Massarenti V., Quagli G., Diego Sala.

FOTOGRAFIE
DeA Picture Library, Federica e Lucillo Magrin, Paola D'Agostino e Diego Sala, Sergio Pezzoli/Evolution, Nando Musmarra e Diana Fattori.

L'Editore dichiara la propria disponibilità a regolarizzare eventuali omissioni o errori di attribuzione.
Si ringrazia per la preziosa collaborazione: Dinosaur Museum di Blanding (Utah, USA), Dinosaur National Monument (Colorado, USA), Petrified Forest National Park (Arizona, USA), Sauriermuseum di Aathal (Svizzera), Sauriermuseum di Frick (Svizzera), Museo di Paleontologia di Zurigo (Svizzera).

© 2017 DeA Planeta Libri S.r.L.
Redazione: via Inverigo, 2 – 20151 Milano
Nuova edizione © 2021 DeA Planeta Libri s.r.l.

Tutti i diritti sono riservati

www.deaplanetalibri.it

Tutti i diritti sono riservati. Nessuna parte di questo volume può essere riprodotta, memorizzata o trasmessa in alcuna forma o con alcun mezzo, elettronico, meccanico, in fotocopia, in disco o in altro modo, compresi cinema, radio, televisione, senza autorizzazione scritta dell'Editore.

Le fotocopie per uso personale del lettore possono essere effettuate nei limiti del 15% di ciascun volume/ fascicolo di periodico dietro pagamento alla SIAE del compenso previsto dall'art. 68, commi 4 e 5, della legge 22 aprile 1941 n. 633.

Le riproduzioni effettuate per finalità di carattere professionale, economico o commerciale o comunque per uso diverso da quello personale possono essere effettuate a seguito di specifica autorizzazione rilasciata da CLEARedi, corso di Porta Romana, 108 – 20122 Milano, e-mail info@clearedi.org e sito web www.clearedi.org

Stampato in Polonia da Druk-Intro Spółka Akcyjna, 2021

500 CURIOSITÀ STRANEZZE RECORD

SOMMARIO

La nascita della Terra 6	Gli aviani 122
La paleontologia 10	I primi Sauropodomorfi 132
La storia della Terra e della vita 16	Sauropodi 144
Gli antenati dei dinosauri 22	Stegosauri e Ankylosauri 166
I primi dinosauri 32	Ornitopodi 188
Dilofasauri, Ceratosauri e Abelisauri 52	Pachicefalosauri e Ceratopsi 210
Megalosauri e Spinosauri 62	Non solo dinosauri 238
I primi dinosauri 70	La fine dell'era dei dinosauri 244
Dai Celurosauri ai T-rex 80	Dinosauri da record 250
I Maniraptoriformi 102	A caccia di dinosauri 252
	Indice 253

1. QUANDO È NATA LA TERRA?

Circa **4 miliardi e 600 milioni di anni fa**, dagli impatti e dalle fusioni di piccoli pianeti attorno al Sole.

2. COME SI È FORMATA LA TERRA?

Si ipotizza che la Terra si sia formata dai **residui della nebulosa primordiale** (gas, particelle, polveri) in movimento attorno al Sole appena nato. Questi avanzi di materia si addensarono un po' per volta, per effetto della forza di gravità, e, a seguito di continui impatti e fusioni di piccoli pianeti, detriti e altri corpi celesti formarono una massa sempre più grande. All'inizio il nostro pianeta era una palla di fuoco rovente alla stato liquido. Lentamente iniziò a raffreddarsi e sulla sua superficie cominciò a formarsi una **crosta**.

Contemporaneamente si sviluppò l'**atmosfera terrestre**, formata da gas rilasciati dal pianeta in seguito a innumerevoli eruzioni vulcaniche e in seguito alle esplosioni provocate dal continuo bombardamento di meteoriti. L'atmosfera primordiale doveva essere ricca di anidride carbonica e vapore acqueo. Quando la Terra cominciò a raffreddarsi, **il vapore acqueo** presente nell'atmosfera **divenne pioggia** e andò a colmare le zone più profonde del pianeta, dando origine a mari e oceani.

3. COME È NATA LA VITA SULLA TERRA?

Le **prime molecole organiche** si formarono **nelle acque**, colpite dall'energia dei fulmini e delle radiazioni; la Terra infatti era colpita dai raggi ultravioletti del Sole e da violenti temporali. Successivamente, le molecole organiche cominciarono ad aumentare e ad avvicinarsi l'una all'altra dando così origine alle prime cellule.

4. COME SI È EVOLUTA LA VITA SULLA TERRA?

L'evoluzione della Terra e quella della vita si sono sviluppate di pari passo. La Terra infatti non è un semplice ammasso di rocce e acqua, ma un pianeta in **perenne trasformazione**. Alla base della nascita e dell'evoluzione della vita, della sua diffusione sulla terraferma e delle grandi estinzioni dei dinosauri, vi sono sempre stati eventi molto importanti che hanno modificato anche il nostro pianeta.

La Terra ha la forma di un geoide, schiacciato leggermente ai Poli e rigonfio all'Equatore.

LA NASCITA DELLA TERRA

5. COME SI È TRASFORMATA LA TERRA?

Alla base dei cambiamenti della Terra c'è il movimento della crosta terrestre. La **litosfera**, cioè il guscio rigido che avvolge il nostro pianeta, infatti, non è unitaria, ma frammentata in una decina di placche principali (più altre minori) che galleggiano e si muovono sopra l'**astenosfera**, di consistenza viscosa: alcune si allontanano, altre si avvicinano, si scontrano e si sovrappongono, altre slittano l'una accanto all'altra. Il risultato di questi movimenti è che tuttora la Terra è in **lenta ma continua trasformazione**.

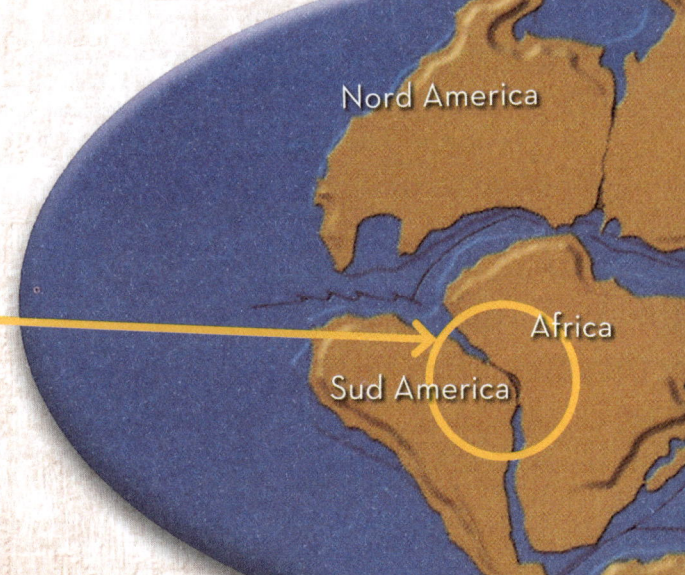

L'attuale forma delle coste dell'Africa e del Sud America fa intuire che in passato i due continenti fossero uniti.

> Alfred Wegener è stato un geologo, meteorologo ed esploratore tedesco che teorizzò per primo la teoria della tettonica a placche.

6. LA TEORIA SULLA DERIVA DEI CONTINENTI

Nel 1915 lo scienziato tedesco Wegener si accorse per primo dei continui spostamenti della crosta terrestre. Egli notò che il profilo dell'Africa e quello del Sud America avrebbero potuto combaciare.

Formulò così la sua teoria affermando che circa 250 milioni di anni prima tutti i continenti si trovavano uniti in un **unico grande blocco di Terra** chiamato **Pangea**, circondato da uno **sterminato oceano** chiamato **Panthalassa**. A partire da quell'epoca la Pangea si smembrò in più parti che si sarebbero sempre più allontanate tra loro, fino ad assumere la posizione attuale. L'impercettibile movimento dei continenti continua ancora oggi, causando terremoti ed eruzioni vulcaniche.

LA NASCITA DELLA TERRA

7. CHE COS'È LA PALEONTOLOGIA?

La parola "paleontologia" deriva dal greco antico (*paleos* = antico, *ontos* = vita, *logos* = discorso) e significa letteralmente "discorso sugli antichi organismi". Il paleontologo è uno scienziato che studia i resti fossili di organismi animali e vegetali per **ricostruire la storia della Terra**.

8. CHE COSA SONO I FOSSILI?

I fossili sono **resti** di antichi esseri viventi. Sono considerati fossili anche antichissime orme, tane, nidi, uova. L'importanza di questi resti è enorme: sono l'unico mezzo per studiare e riuscire a conoscere le creature più antiche.

Tronchi fossili del Petrified Forest National Park (Arizona, USA).

9. COME SI FORMA UN FOSSILE?

La formazione di un fossile è un **processo raro in natura**. La condizione ideale perché esso si generi è che i resti di un organismo vengano sepolti rapidamente sotto uno strato spesso di fango, sabbia o altri sedimenti, in modo che possano conservarsi. Ciò si verifica più facilmente in ambienti naturali quali i laghi, i mari, le paludi, i grossi fiumi. Con il trascorrere del tempo gli strati di sedimenti diventano rocce e si accumulano gli uni sugli altri. Nel frattempo l'acqua, che filtra attraverso le rocce, impregna i resti dell'organismo depositando i sali minerali di cui è ricca. Questi ultimi "vanno a sostituire" le molecole dell'organismo, mantenendone l'aspetto, la forma e la struttura originaria: questo processo si chiama **mineralizzazione**. È a questo punto che, dopo milioni di anni, si è formato un fossile.

Ossa fossili di dinosauro conservate nella roccia.

Strano, ma vero!

Un fossile è il resto di un antico essere vivente. Il termine deriva dal verbo latino *fodere*, che significa "scavare".

10. UN ESEMPIO DI FOSSILIZZAZIONE

Ecco nel dettaglio le fasi che si susseguono per la formazione di un fossile:

1. Il **cadavere** di un dinosauro cade sul fondo di un lago.

2. Presto la carne viene mangiata da un animale spazzino oppure si decompone e lo scheletro viene **ricoperto da sedimenti** di sabbia e fango.

3. Con il tempo lo spessore dei sedimenti aumenta, la sabbia e il fango diventano rocce e lo scheletro subisce il processo di **mineralizzazione**, "pietrificandosi" all'interno della roccia.

4. Con il trascorrere di milioni di anni, l'ambiente cambia: **gli strati di rocce vengono erosi da vento e pioggia**. Lo scheletro del dinosauro torna alla luce. Ora è lavoro per i paleontologi!

11. CHE COSA FANNO I PALEONTOLOGI QUANDO RITROVANO UN FOSSILE?

I fossili vengono **estratti con strumenti come scalpelli, martelli e pennelli**, protetti con involucri di stoffa o di carta imbevuti di gesso e trasportati nei musei, dove i paleontologi li catalogano, classificano e descrivono nei dettagli.

12. COME SI FA A STABILIRE QUANTO È ANTICO UN FOSSILE?

Le rocce sedimentarie, riconoscibili dalla loro tipica struttura a strati.

È fondamentale studiare la tipologia di roccia che lo contiene. Una montagna di rocce sedimentarie ha una struttura a **strati**: quelli più in basso sono i più vecchi, mentre quelli più in alto sono più recenti. Perciò anche i fossili contenuti negli strati di roccia **più in basso** saranno **più antichi** dei fossili racchiusi negli strati più superficiali.

13. È POSSIBILE DATARE UN FOSSILE CON PRECISIONE?

Oggi gli scienziati sono in grado di calcolare esattamente quanto è antico un fossile misurando la percentuale di **radioattività** delle rocce circostanti.

Unghia a forma di zoccolo   Artiglio

La pelle degli Adrosauri fatta a tubercoli, era spessa e dura.

14. CHE TIPO DI FOSSILI CI HANNO LASCIATO I DINOSAURI?

I resti più numerosi sono senz'altro le **ossa**, ma i paleontologi hanno ritrovato anche **artigli e unghie, occhi, corna, corazze e aculei, orme, penne, pelle, coproliti** (lo sterco fossilizzato) e **gastroliti** (sassolini ingeriti dai dinosauri erbivori).

15. SONO MAI STATI RINVENUTI FOSSILI DI ORGANISMI PERFETTAMENTE CONSERVATI?

Sì, è il caso dei **mammut** ritrovati nei ghiacci siberiani completi di pelo e proboscide o degli **insetti** inglobati nell'ambra (resina fossilizzata).

Insetto inglobato nell'ambra, una resina fossile composta soprattutto da carbonio, dal colore variabile.

LA PALEONTOLOGIA

Strano, ma vero!

16. LA SCALA DEI TEMPI GEOLOGICI

Lo studio delle rocce che compongono la crosta terrestre e dei fossili ha permesso agli studiosi di suddividere il tempo geologico in **intervalli**, basandosi su particolari eventi biologici o geologici che hanno stravolto il pianeta, come il verificarsi di un'estinzione di massa o il comparire di nuove specie. Questi principali intervalli sono 5 e vengono chiamati **ere**, a loro volta frazionati in **periodi**.

ERA	PERIODO	MILIONI DI ANNI FA
Neozoica	Olocene	0,01
	Pleistocene	2
Cenozoica	Quaternario	2
	Terziario	65
Mesozoica	Cretacico	146
	Giurassico	208
	Triassico	250
Paleozoica	Permiano	290
	Carbonifero	362
	Devoniano	408
	Siluriano	439
	Ordoviciano	510
	Cambriano	550
Archeozoica	Proterozoico	1000
	Archeano	4560

I dinosauri comparvero sulla Terra **all'inizio dell'Era Mesozoica** (Triassico). Il fatto che, in questo periodo, le terre emerse costituissero un unico grande continente (Pangea) permise a questi esseri viventi di **diffondersi praticamente ovunque**. Nel corso di questa Era, però, la Pangea si frantumò fino a dare origine ai continenti attuali.

1 Planisfero all'inizio dell'Era Mesozoica, nel TRIASSICO. Si vede chiaramente la Pangea.

2 Planisfero all'inizio del GIURASSICO. Il Nord America si separa dall'Eurasia e dall'Africa.

3 Planisfero all'inizio del CRETACICO, quando i continenti appaiono già delineati.

LA STORIA DELLA TERRA... E DELLA VITA

I Trilobiti vissero nell'Era Paleozoica. Sono chiamati così perché avevano il corpo diviso in tre lobi.

17. L'ERA ARCHEOZOICA

Un tempo questa Era veniva chiamata Azoica, che significa **"senza vita"**, ma la scoperta di resti fossili ha dimostrato che questo termine non era corretto. È proprio in questa Era, infatti, che compaiono le primissime forme di vita.

18. L'ERA PALEOZOICA

Significa **"era della vita antica"**. È caratterizzata da una vera e propria **esplosione di forme di vita**: si evolvono, infatti, nuove specie di animali e piante. Compaiono i vertebrati e nuove specie animali conquistano la terraferma. Termina con una grande estinzione di massa.

19. L'ERA MESOZOICA

Significa **"era della vita di mezzo"**. In questa fase numerose specie scompaiono, lasciando il campo libero all'evoluzione di altre. La Terra diviene il **regno dei dinosauri**, che si sviluppano, si diversificano, e poi si estinguono. Il Mesozoico infatti è noto anche come "era dei rettili". Ma è anche il momento della comparsa dei mammiferi e degli uccelli. Inizia con la formazione del Supercontinente Pangea e termina in concomitanza con una nuova grande estinzione di massa.

20. L'ERA CENOZOICA

Significa **"era della vita recente"**. In questa fase le forme di vita si rinnovano totalmente e assumono un aspetto simile a quello attuale. È detta anche **"era dei mammiferi"** poiché, con la scomparsa di gran parte dei rettili e dei dinosauri, gli ambienti vengono popolati da questi animali.

21. L'ERA NEOZOICA

Significa **"era della vita nuova"**. In questa fase forti variazioni climatiche danno luogo ai **periodi glaciali**: i ghiacci avanzano e si ritirano ripetutamente, invadendo la maggior parte delle terre emerse e modellando il territorio. È il momento dei mammut, dei rinoceronti lanosi, degli orsi delle caverne e dell'**uomo**. Inizia circa 2 milioni di anni fa e continua tuttora.

22. LE PRIME FORME DI VITA SULLA TERRA

Furono i **batteri**, organismi di una sola cellula, che proliferarono nelle acque degli oceani 3 miliardi e 800 milioni di anni fa.

23. I PRIMI ORGANISMI COMPLESSI

Comparvero 2 miliardi di anni fa, quando da un gruppo di batteri capaci di compiere la fotosintesi, cioè di trarre energia dalla luce solare, si svilupparono le **alghe** che iniziarono a produrre l'ossigeno.

24. LE PRIME TRACCE DI VITA ANIMALE

Risalgono a 600 milioni di anni fa, si trattava di **organismi semplici** simili nell'aspetto a vermi e meduse.

25. I PRIMI ANIMALI SULLA TERRAFERMA

Furono gli **insetti**, che si diffusero 530 milioni di anni fa, mentre in acqua si formavano i primi vertebrati. Ma 400 milioni di anni fa, gli **Osteolepiformi**, pesci d'acqua dolce, svilupparono pinne robuste e **sacche polmonari** per respirare anche fuori dall'acqua. Fu così che nacquero gli **anfibi**, animali capaci di vivere sia sott'acqua sia sulla terraferma.

26. DAI RETTILI AI DINOSAURI

Gli anfibi diedero origine ai primi **rettili**, che si diffusero in fretta e dominarono il pianeta per milioni di anni nel corso dell'Era Mesozoica.

27. L'ESTINZIONE PARMIANO-TRIASSICA

Circa **251 milioni di anni fa**, si verificò un'estinzione di massa, la più grande e catastrofica di tutte, che portò alla **scomparsa di nove decimi delle specie esistenti**. Furono colpite in particolare le creature marine. Tra le possibili cause, gli scienziati hanno individuato una **intensa attività vulcanica**, l'impatto di un **meteorite** o l'**inversione** del campo magnetico terrestre.
Di sicuro, dopo l'estinzione, il mondo si riprese a fatica e molto lentamente. Fu proprio in questo particolare momento che comparvero sulla Terra gli antenati dei dinosauri.

28. LA TERRA ALL'ALBA DEI DINOSAURI

All'inizio dell'era Mesozoica, l'immenso continente **Pangea** era ancora intatto. La presenza di un'unica grande massa di terre priva di catene montuose elevate e di mari, favorì l'occupazione di tutti i territori del globo da parte degli animali.

29. COM'ERANO IL CLIMA E LA VEGETAZIONE?

Il clima era **caldo** e **secco** e la vegetazione era costituita in predominanza da piante aghiformi adatte a sopravvivere in climi aridi. Negli ambienti più umidi, invece, si trovavano felci in abbondanza.

30. RETTILI E CLIMA SECCO

Il clima caldo e secco del Triassico fu ideale per lo sviluppo dei rettili, **animali ectotermi** (cioè a sangue freddo), bisognosi di calore, ma in grado di vivere in ambienti poveri di acqua. Grazie a queste caratteristiche, in breve, i rettili riuscirono ad ambientarsi e a riprodursi.

31. CHE COSA MANGIAVANO I RETTILI?

I rettili si adattarono a svariati tipi di dieta: alcuni si nutrivano di **piante**, come i rincosauri, dotati di una sorta di becco a tenaglia per tagliare la vegetazione, e altri **insetti**, **aracnidi** o altri animali ancora.

Nel Triassico, gli arcosauri, come per esempio il Rutiodonte, furono tra i più temibili carnivori e rappresentarono un grande pericolo anche per i primi dinosauri.

GLI ANTENATI DEI DINOSAURI

32. ECTOTERMIA E OMEOTERMIA

I biologi distinguono gli animali in ectotermi, o a **sangue freddo**, e omeotermi, o **sangue caldo**. Tra i vertebrati sono ectotermi tutti i pesci, gli anfibi e i rettili, mentre l'omeotermia è una caratteristica degli uccelli e dei mammiferi. La temperatura del corpo negli animali ectotermi è simile a quella esterna, gli omeotermi sono invece in grado di autoregolarsi e di mantenere stabile la propria temperatura corporea, indipendentemente dall'ambiente esterno.

Il fenomeno dell'ectotermia è particolarmente accentuato nei rettili, che devono necessariamente passare diverse ore sotto i raggi del sole per poter aumentare la propria temperatura. Viceversa, per disperdere calore, si posizionano in luoghi più freschi.

33. GLI ARCOSAURI

Il termine "arcosauro" significa **"lucertola dominatrice"** e infatti nel **Triassico** questi rettili occupavano il vertice della catena alimentare grazie alla loro particolare anatomia. Avevano denti seghettati, ben infissi nell'osso della mandibola. Erano in grado di tagliare, strappare e triturare il cibo senza problemi. Tenevano le zampe anteriori e posteriori più o meno verticali, anziché piegate ed esterne al corpo come gli altri rettili.

34. ARCOSAURI IN EVOLUZIONE

Tra gli arcosauri più primitivi troviamo i **proterosuchidi** simili a coccodrilli, ma con la punta del muso rivolta verso il basso; gli **eritrosuchidi**, temibili predatori che potevano raggiungere anche 5 metri di lunghezza e gli **euparkeridi**, più piccoli e probabilmente bipedi. Gli arcosauri evoluti comprendono i **crurotarsi**, cioè i coccodrilli e i loro simili, e gli **ornitodiri**, di cui fanno parte i dinosauri e gli pterosauri.

35. EUPARKERIA

Fu uno dei primi arcosauri. Era un carnivoro lungo più o meno un metro e molto rapido nei movimenti, che presenta alcuni caratteri da **coccodrillo** e altri da **dinosauro**. I suoi arti erano in posizione quasi eretta: normalmente camminava con andatura quadrupede, ma in caso di necessità, per esempio per fuggire da un predatore o raggiungere una preda, era in grado di correre **sollevandosi sulle zampe posteriori** e di mantenersi in equilibrio usando la coda come bilanciere.

L'*Euparkeria* aveva denti forti e seghettati. I suoi fossili provengono dall'Africa meridionale.

GLI ANTENATI DEI DINOSAURI

25

36. LA PAROLA AL PALEONTOLOGO: COME SI RICONOSCONO GLI ANIMALI CORRIDORI?

È possibile **stimare l'andatura** e la velocità degli animali e determinare le loro prestazioni basandosi sull'anatomia dello scheletro, sulle proporzioni e il tipo di arti, sulle differenze delle varie ossa e osservando le inserzioni muscolari, ossia dove e in che modo i muscoli si agganciano allo scheletro.

Spesso si fa riferimento alla differenza di lunghezza esistente tra il **femore** e la **tibia**, due ossa che si trovano sia nelle gambe dell'uomo sia nelle zampe degli animali. Una tibia più lunga del femore, infatti, è sempre caratteristica di un animale in grado di correre rapidamente. I dinosauri più veloci, come **Struthiomimus**, avevano le zampe posteriori strutturate per la corsa: la tibia più lunga del femore, le ossa tarsali del piede molto allungate e la possibilità di poggiare a terra solo tre dita.

Un ornitodoro dinosauromorfo con caratteristiche anatomiche tipiche da corridore.

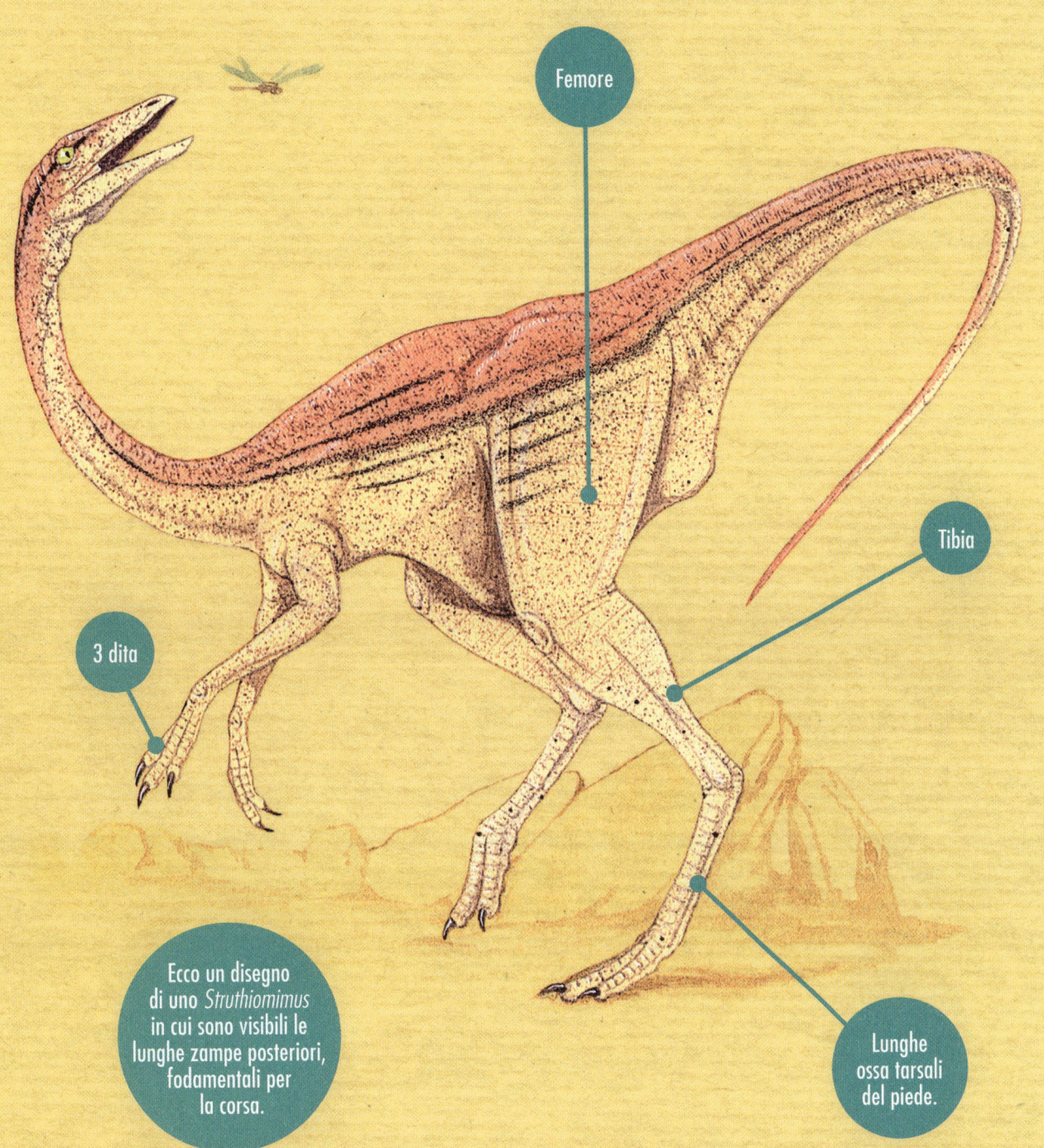

Femore

Tibia

3 dita

Lunghe ossa tarsali del piede.

Ecco un disegno di uno *Struthiomimus* in cui sono visibili le lunghe zampe posteriori, fodamentali per la corsa.

GLI ANTENATI DEI DINOSAURI

27

37. ORNITHODIRA

Fu uno dei più importanti gruppi di arcosauri. L'etimologia del nome significa "collo da uccello". Questi esemplari comparvero nel Triassico Medio e da subito si differenziarono in due rami: i **dinosauromorfi** e gli **pterosauromorfi**, da cui si svilupparono rispettivamente i dinosauri e gli pterosauri.

38. LAGERPETON E MARASUCHUS

Erano due piccoli **ornitodiri dinosauromorfi**, cioè con l'aspetto da dinosauri, ma non ancora veri e propri dinosauri. Vengono considerati i "nonni" dei dinosauri, perché hanno già le caratteristiche di base dei loro successori: il collo piegato a "S" e le zampe in postura colonnare, cioè posizionate sotto il corpo. Entrambi provengono dall'Argentina e vissero nel Triassico Medio.

39. COM'ERA LAGERPETON?

Dai frammentari resti fossili rinvenuti, sappiamo che si trattava di un animale lungo non più di 70 centimetri, agile e scattante. Era **bipede** e probabilmente un corridore, dato che nei fossili delle lunghe zampe posteriori le tibie sono particolarmente sviluppate. Come i dinosauri era **digitigrado**, ma aveva **2 dita ben sviluppate anziché 3**. Questa conformazione del piede ha indotto alcuni studiosi a ritenere che *Lagerpeton* si potesse muovere a balzi. È probabile che si nutrisse di piccoli vertebrati e insetti.

40. COM'ERA MARASUCHUS?

Era un po' più piccolo di *Lagerpeton*, ma altrettanto rapido nei movimenti. Aveva il **collo robusto** incurvato a "S" e gli **arti anteriori lunghi circa la metà dei posteriori**. La postura dello scheletro dimostra chiaramente che era **bipede** e in grado di correre agilmente sulle zampe posteriori, mantenendosi in equilibrio grazie alla lunga coda. Dal cranio, dotato di denti aguzzi, si deduce che era **carnivoro**.

41. CHE COSA SIGNIFICA "DIGITIGRADO"?

Sono digitigradi gli animali che poggiano a terra **solo le dita** del piede.

GLI ANTENATI DEI DINOSAURI

Strano, ma vero!

42. STORIE DI PALEONTOLOGIA: EFFIGIA IL COCCODRILLO CHE SI CREDEVA UN DINOSAURO

Tra il 1947 e il 1948, nella cava di Ghost Ranch in New Mexico (USA), furono ritrovati i resti di un esemplare preistorico. Inizialmente gli studiosi pensarono che si trattasse dei fossili di un piccolo dinosauro carnivoro del genere Coelophysis, di cui quella cava era piena. L'esemplare, quindi, rimase per quasi 60 anni nei magazzini dell'American Museum of Natural History di New York, finché casualmente il paleontologo Mark Norrell e lo studente Sterling Nesbitt lo ritrovarono e, studiandolo, scoprirono che si trattava di qualcosa di diverso da ciò che si credeva. Sia lo scheletro sia il cranio ricordavano molto quelli di *Ornithomimus*, uno dei dinosauri simili per forma agli struzzi. Ma la struttura della caviglia, che aveva un tipo di articolazione molto primitivo, non lasciava dubbi: si trattava di un parente triassico dei coccodrilli!

Lo chiamarono *Effigia okeeffeeae* in onore del sito di Ghost Ranch (le parole "ghost" e "effigia" significano "fantasma", rispettivamente in inglese e latino) e della pittrice Georgia O'Keefe, che aveva a cuore quella cava.

Effigia era un rettile arcosauro lungo 2 metri circa che visse alla fine del Triassico (210 milioni di anni fa).

Aveva lunghe zampe posteriori e si muoveva con andatura bipede. Le zampe anteriori erano corte, coda e collo lunghi, con grandi occhi e un becco al posto dei denti.

Il cranio di *Shuvosaurus*. *Effigia* e *Shuvosaurus* avevano molti caratteri in comune ed entrambi si pensa fossero più legati ai coccodrilli che ai dinosauri-struzzo (*Ornithomimosauria*).

Effigia rappresenta **un interessantissimo esempio di convergenza adattativa**, un caso di due animali che, pur non condividendo parentele strette (cioè gli Ornithomimidi o dinosauri-struzzo e i rettili arcosauri), si evolvono fino ad assomigliare uno all'altro, adattandosi a un ambiente e a uno stile di vita simili. È molto probabile che *Effigia* occupasse un habitat analogo a quello dei **dinosauri-struzzo** e si nutrisse all'incirca allo stesso modo, mangiando un po' di tutto.

I dinosauri avevano denti molto forti, poiché situati in fori delle mascelle chiamati alveoli. (Dinosaur Museum di Blanding, Utah, Usa)

Il cranio dei dinosauri era di tipo diapside. Vi erano cioè due finestre temporali utili a diminuire il peso della testa, e come aggancio per i muscoli. Nel corso dell'evoluzione, le finestre temporali tendono ad ampliarsi (come nel caso di questa immagine) e a unirsi tra loro. (Dinosaur Museum di Blanding, Utah, Usa)

43. LA COMPARSA DEI DINOSAURI

Fu nel periodo **Triassico** che i dinosauri si separarono dal ramo degli arcosauri e iniziarono a sviluppare tutte quelle caratteristiche anatomiche che li resero i padroni indiscussi della Terra per miliardi di anni.

44. DA QUALI CARATTERISTICHE ANATOMICHE SI RICONOSCE UN DINOSAURO?

Tra i principali caratteri peculiari dei dinosauri ci sono il **cranio di tipo diapside** (cioè con due finestre temporali), i **denti ben infissi nei fori delle mascelle**, la **postura eretta delle zampe**, gli **arti perpendicolari al corpo**, caratteristica che garantiva ai dinosauri una miglior efficienza nei movimenti.

45. IL PRIMO DINOSAURO?

Non sappiamo con certezza come fosse fatto, perché potrebbe sempre esserci qualche fossile più vecchio ancora da scoprire! Attualmente sappiamo che i primi dinosauri conosciuti, definiti anche **dinosauri primitivi**, risalgono a circa 230 milioni di anni fa ed erano piccoli predatori bipedi.

46. I PRIMI MAMMIFERI

Contemporaneamente ai dinosauri, nel Triassico, si svilupparono **i primi mammiferi**, che derivavano dai rettili "mammaliani". Erano animali "a sangue caldo", ricoperti di pelliccia, simili a topolini. Si nutrivano di insetti e altri piccoli animali e probabilmente erano già in grado di allattare i loro cuccioli, ma come l'echidna e l'ornitorinco attuali, deponevano ancora le uova.

47. ADELOBASILEUS

È il più antico mammifero conosciuto. Risale alla fine del Triassico ed è stato rinvenuto in Texas. Era un animale **molto piccolo**, con il cranio lungo circa 2 centimetri e mezzo.

Morganudon era un piccolo mammifero primitivo grande come un topo.

48. COME SI CLASSIFICANO I DINOSAURI?

Una prima classificazione dei dinosauri si basa sulle ossa del bacino (ischio, ileo e pube). Si distinguono dinosauri **saurischi**, ("bacino da lucertola") che hanno il pube rivolto in avanti e l'ischio all'indietro, e **ornitischi** ("bacino da uccello") che hanno ischio e pube entrambi rivolti all'indietro.

49. I TEROPODI

Il termine teropode letteralmente significa **"piede di bestia"**. I teropodi fanno parte dei saurischi e costituiscono un enorme gruppo di animali, dai più primitivi dinosauri carnivori fino ad arrivare agli uccelli moderni. È quasi impossibile elencare caratteristiche che valgano per tutte le specie che ne fanno parte. Possiamo generalizzare dicendo che i teropodi erano **bipedi**, **digitigradi** e **carnivori** (esiste però la famiglia degli ornitomimidi che comprende dinosauri onnivori).

50. I SAUROPODI

Sauropode significa **"piede di rettile"**. Il gruppo dei sauropodi comprende i giganteschi dinosauri **vegetariani**, **quadrupedi**, con testa piccola, collo e coda lunghissimi e un artiglio sul pollice. Sono sauropodi, per esempio, *Diplodocus*, *Apatosaurus* e *Brachiosaurus*.

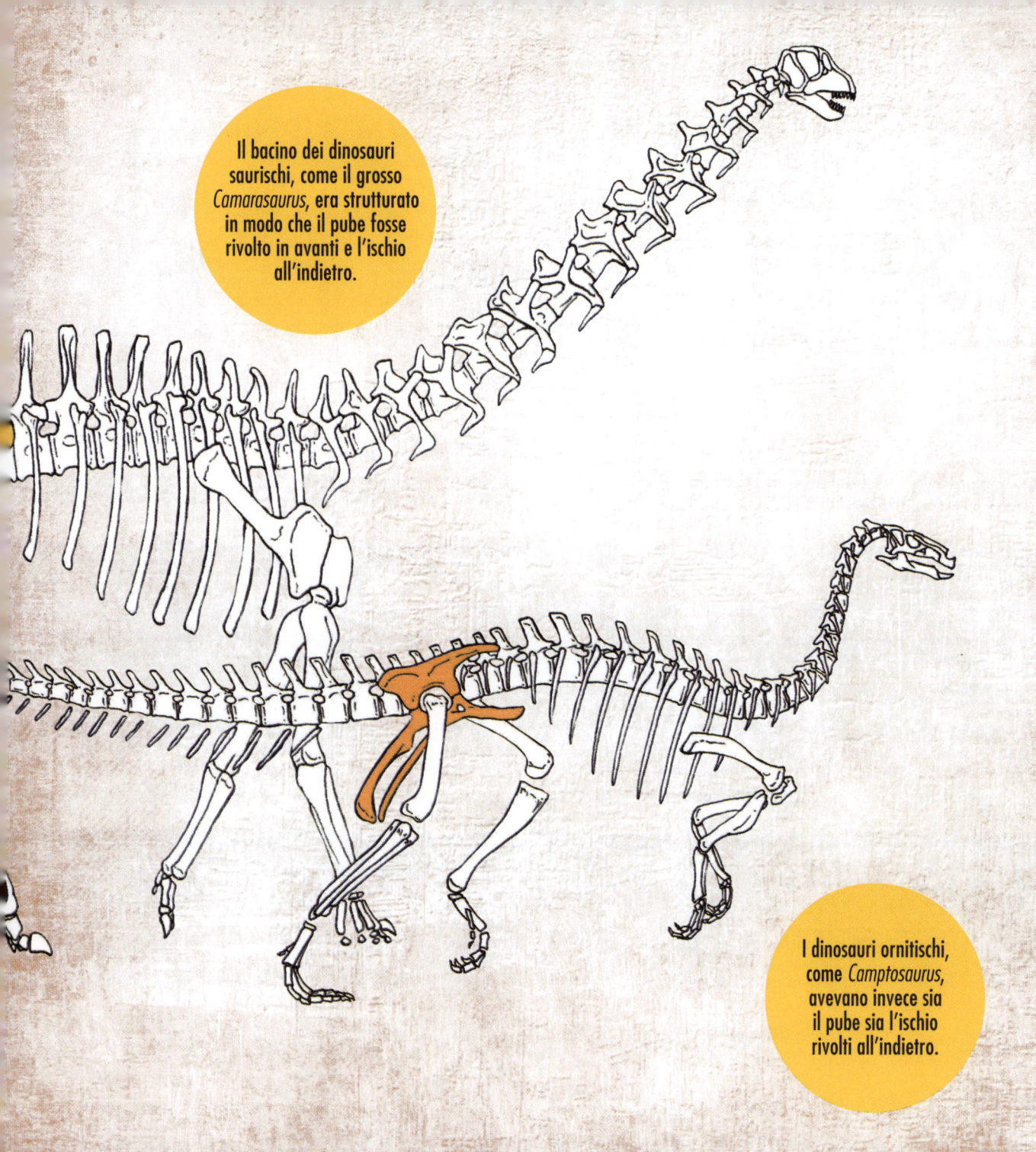

Il bacino dei dinosauri saurischi, come il grosso *Camarasaurus*, era strutturato in modo che il pube fosse rivolto in avanti e l'ischio all'indietro.

I dinosauri ornitischi, come *Camptosaurus*, avevano invece sia il pube sia l'ischio rivolti all'indietro.

I PRIMI DINOSAURI

35

51. I PROSAUROPODI

Per prosauropode si intende quell'insieme di dinosauri da cui si sono originati i sauropodi. Sono vissuti dal Triassico Superiore al Giurassico Inferiore. Nel corso della loro evoluzione riuscirono a raggiungere dimensioni notevoli (fino a circa 10 metri di lunghezza). Furono quasi tutti in grado di muoversi **sia a 4 sia a 2 zampe**. I prosauropodi e i sauropodi insieme formano il gruppo dei **sauropodomorfi**.

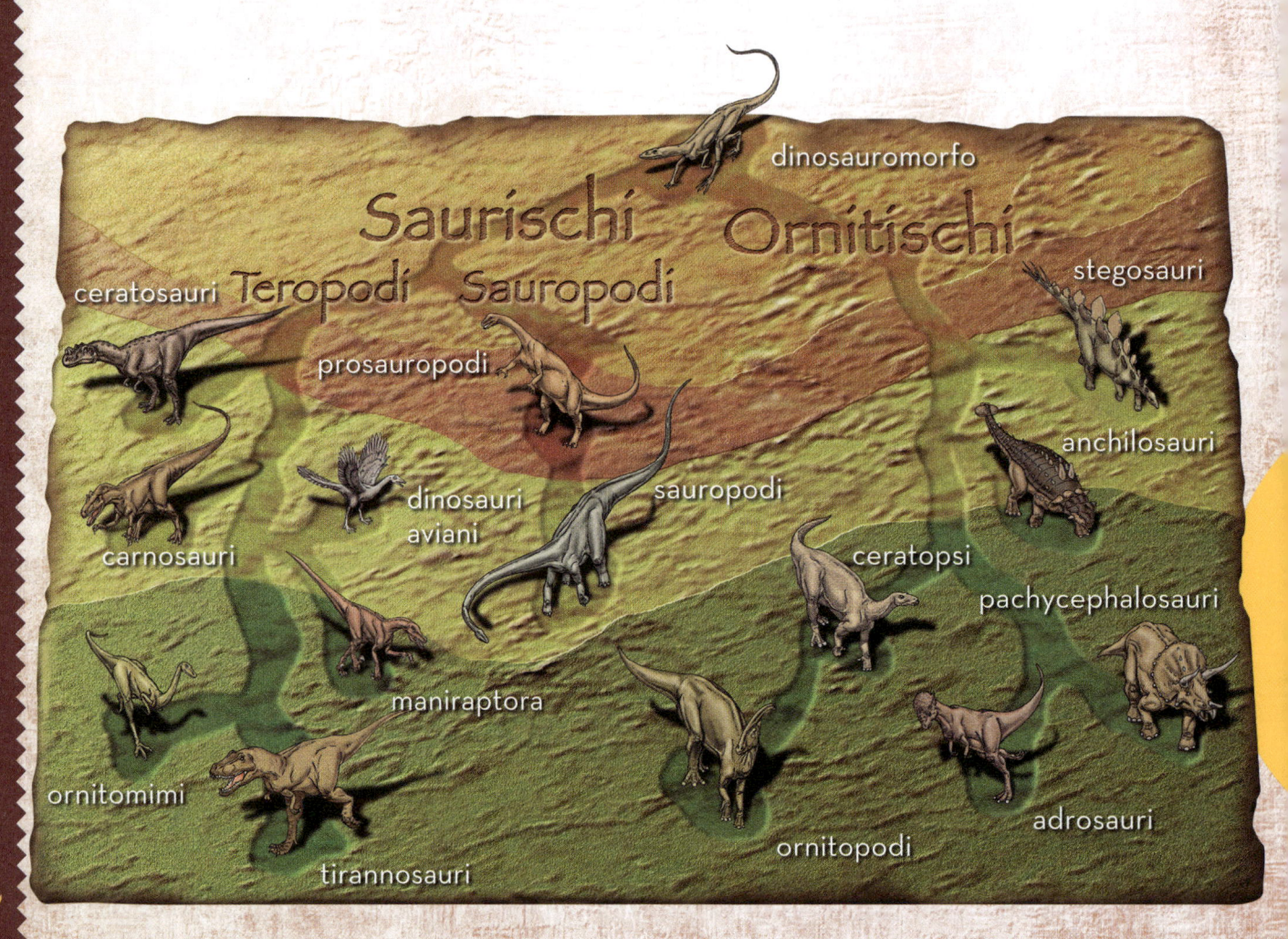

Saurischi — Teropodi, Sauropodi
Ornitischi

- dinosauromorfo
- ceratosauri
- prosauropodi
- stegosauri
- anchilosauri
- carnosauri
- dinosauri aviani
- sauropodi
- ceratopsi
- pachycephalosauri
- ornitomimi
- maniraptora
- ornitopodi
- adrosauri
- tirannosauri

Tutti i dinosauri nascevano dalle uova. Tutte le loro caratteristiche, come l'armatura, le spine e le corna, si sviluppavano appena prima del loro passaggio all'età adulta.

52. QUANTE SPECIE DI DINOSAURI CONOSCIAMO?

Attualmente si conoscono circa **800 specie di dinosauri**. Per fare ordine in questo mondo i paleontologi ricorrono a una classificazione molto complessa e diversificata. Vengono dunque creati dei gruppi in cui via via si inseriscono le diverse famiglie, i generi, le specie. I gruppi sono collegati tra loro come in un albero genealogico e possono contenere sottogruppi minori e ramificarsi in moltissimi modi.

L'illustrazione fornisce solo un'idea generale di come i principali gruppi di dinosauri si siano originati, a partire da antenati comuni, ed evoluti nel tempo. Le tre fasce di colore indicano, dall'alto verso il basso, i tre periodi dell'Era Mesozoica: Triassico, Giurassico e Cretaceo.

53. CHI È DINOSAUROMORFO?

È il **misterioso antenato** di tutti i dinosauri. Gli studiosi concordano sul fatto che i gruppi più antichi di Saurischi e Ornitischi presentano caratteri simili, per esempio la struttura delle zampe. Deve dunque essere esistito un antenato comune a tutti loro, che ha dato origine ai dinosauri primitivi.

I PRIMI DINOSAURI

54. EORAPTOR

Il suo nome significa **"cacciatore dell'alba"**. Ed è stato battezzato così perché presenta dei caratteri anatomici molto primitivi per un dinosauro. Ha vissuto nel **Triassico Superiore** e i suoi resti sono stati ritrovati in Argentina.

55. COM'ERA EORAPTOR?

Eoraptor era lungo un metro e pesava circa 10 chilogrammi! Era un saurischio, bipede. **Veloce corridore**, con zampe anteriori che misuravano circa la metà delle posteriori e mani a 5 dita dotate di lunghi artigli per afferrare lucertole, insetti o altre piccole prede. I suoi piedi erano digitigradi.

56. TEROPODE O SAUROPODE?

Il fatto che *Eoraptor* fosse digitigrado, carattere che si ritroverà in tutti i dinosauri carnivori successivi, ha indotto gli studiosi a pensare che fosse alla base dell'evoluzione dei teropodi. Ma recentemente, grazie a studi su nuovi fossili ritrovati, si pensa che fosse **prosauropode**.

Eoraptor

57. HERRERASAURUS

Visse alla fine del **Triassico**. I suoi resti fossili sono stati rinvenuti in Sud America. Il primo paleontologo a scoprirli si chiamava **Victorino Herrera**, da qui il nome di questo dinosauro.

58. COM'ERA HERRERASAURUS?

Come tutti i dinosauri primitivi, *Herrerasaurus* era bipede e carnivoro, ma, a differenza degli altri, piuttosto piccoli, poteva raggiungere una **lunghezza di 4 metri** e un'altezza di un metro e mezzo. Aveva una corporatura snella, ma forte, gli arti posteriori erano robusti e ben sviluppati.

59. A CACCIA DI RINCOSAURI

Questo dinosauro aveva artigli lunghi e potenti che utilizzava per dilaniare le prede. Con tutta probabilità si cibava di rincosauri, grossi rettili lenti, **dotati di becco**.

Herrerasaurus

STRANO, MA VERO!

60. LA PAROLA AL PALEONTOLOGO: CHE COSA CI DICONO I DENTI DEI DINOSAURI?

I denti ricurvi e seghettati erano tipici dei carnivori, mentre gli erbivori avevano solitamente denti piccoli e piatti. Ma non sempre la dentatura di un dinosauro fornisce informazioni chiare sulla sua dieta. Per esempio, *Eoraptor* aveva denti da carnivoro insieme ad altri tipici degli erbivori. Forse si nutriva sia di carne sia di vegetali!

Tra i fossili di *Eoraptor* arrivati fino a noi vi è un cranio intero e perfettamente conservato che ha fornito ai paleontologi molte informazioni.

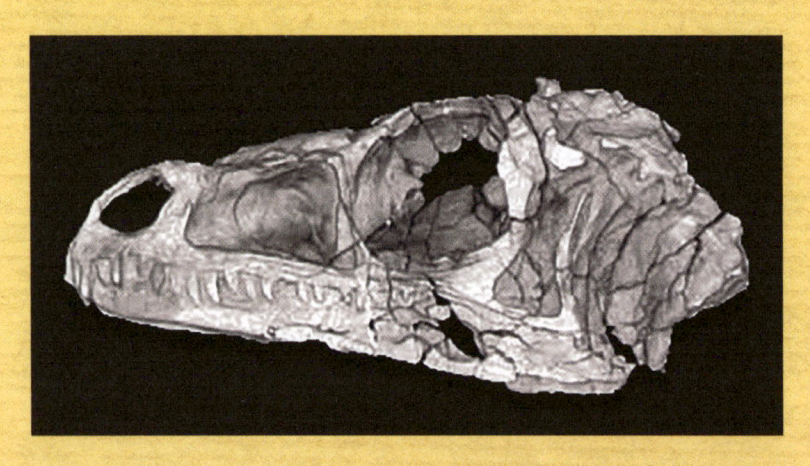

Denti e artigli avevano diverse caratteristiche in funzione delle fonti di cibo. In generale, più piccoli erano i denti, più piccola la preda, mentre l'assenza di denti significava che il dinosauro poteva inghiottire il cibo in un boccone.

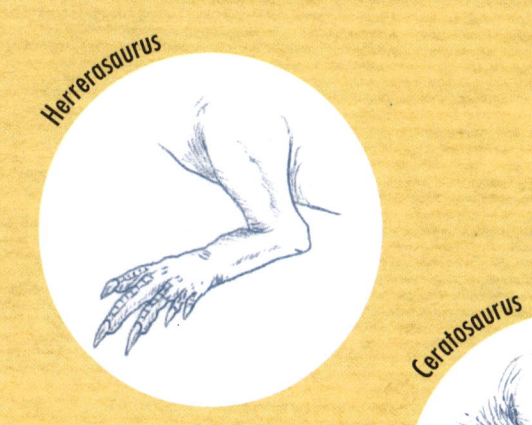

61. LA PAROLA AL PALEONTOLOGO: CHE COSA CI DICONO LE ZAMPE DEI DINOSAURI?

I primi dinosauri, come *Herrerasaurus*, avevano zampe a 5 dita. Progressivamente, nel corso dell'evoluzione, il numero di dita delle zampe dei dinosauri carnivori si ridusse, fino ad arrivare a specie che avevano un solo dito.

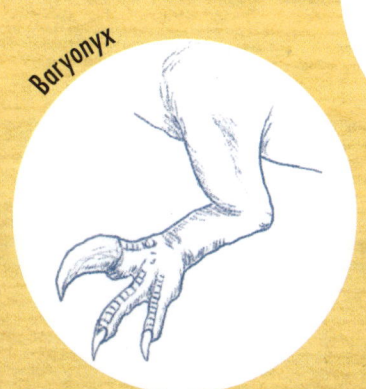

Herrerasaurus
Ceratosaurus
Baryonyx
Daspletosaurus
Linhenykus

62. PISANOSAURUS

Prende il nome dal ricercatore **Juan A. Pisani**. Come nel caso di altri dinosauri primitivi, i suoi resti sono stati rinvenuti in Argentina. Visse nel **Triassico Superiore**.

63. COM'ERA PISANOSAURUS?

Pisanosaurus era bipede e abile nella corsa e, a differenza di molti altri dinosauri primitivi era **erbivoro**. Misurava un metro di lunghezza e 30 centimetri di altezza, aveva corporatura esile e zampe posteriori da corridore. Viene considerato il più antico dinosauro ornitischio conosciuto.

64. TASCHE GUANCIALI

Sembra che *Pisanosaurus* avesse delle **tasche guanciali** per accumulare il cibo e triturarlo meglio, spingendolo fra i denti, carattere che sarà presente nella maggior parte dei dinosauri ornitischi.

Pisanosaurus

Staurikosaurus

65. STAURIKOSAURUS

Visse tra il **Triassico Medio** e l'inizio del **Triassico Superiore**. Il nome significa **"lucertola della Croce del Sud"** e si riferisce alla costellazione della Croce del Sud visibile dall'emisfero meridionale della Terra.

66. COM'ERA STAURIKOSAURUS?

Staurikosaurus era un piccolo dinosauro lungo più o meno 2 metri e rapido nella corsa. Camminava in postura bipede, era alto 80 centimetri e lungo quasi 2 metri. Pesava probabilmente 30 chilogrammi e si nutriva di carne. Fino a poco tempo fa, per alcuni caratteri del suo scheletro, veniva considerato **l'antenato dei grandi sauropodi erbivori**. Da studi recenti risulterebbe invece più affine ai **teropodi**.

67. UN DINOSAURO INCOMPLETO

Di *Staurikosaurus* è stato rinvenuto un unico **scheletro incompleto**, composto da parti della mandibola, della colonna vertebrale e degli arti posteriori. Il suo aspetto è stato ricostruito per analogia con altri dinosauri simili.

I PRIMI DINOSAURI

68. COELOPHYSIS

Il suo nome significa **"forma cava"**, poiché nel cranio aveva diverse finestre utili a ridurne il peso, e nel suo scheletro erano presenti alcune ossa cave. Visse nel **Triassico Superiore**. I suoi resti sono stati ritrovati in New Mexico, Arizona e Massachussets.

69. COM'ERA COELOPHYSIS?

Coelophysis era un piccolo dinosauro carnivoro, di corporatura leggera e rapido nella corsa. Era lungo 3 metri e alto poco più di uno, ma non doveva pesare oltre 20 chilogrammi. È probabile che si nutrisse di **anfibi, insetti e piccoli sauri** (nello stomaco di un esemplare sono state trovate le ossa di un rettile).
Gli arti anteriori terminavano con 4 dita, di cui 3 molto più sviluppate e senza dubbio utili durante la caccia.

70. UN CRANIO DA PREDATORE

Il cranio di *Coelophysis* era allungato. Aveva mandibole dotate di denti affilati e occhi grandi, che gli garantivano **una buona vista**. Un branco di *Coelophysis* era in grado di uccidere anche una grande preda.

Cranio di Coelophysis

71. UN BILANCIERE COME CODA

Coelophysis si muoveva tenendo la colonna vertebrale orizzontale e aveva un collo lungo e flessibile. Per mantenere l'equilibrio, **usava la coda** che, irrigidita da allungamenti ossei delle vertebre, funzionava come bilanciere.

Le code dei dinosauri potevano essere formate da oltre 50 ossa, erano tenute sollevate da terra.

72. SEGNI DI EVOLUZIONE

Pur essendo un dinosauro primitivo *Coelophysis* possedeva un carattere che sarà presente nei più evoluti teropodi: la **furcula, un osso a forma di "V"** situato nel petto e derivato dalla fusione delle clavicole, che ha la funzione di irrobustire il cinto pettorale e di offrire un miglior aggancio ai muscoli.

73. UNA SCOPERTA SENSAZIONALE

Nel 1947, in Nuovo Messico, vennero alla luce gli scheletri di oltre un centinaio di esemplari di *Coelophysis*, ammassati uno sull'altro. Probabilmente si trattava di un branco che all'improvviso era rimasto sepolto dal fango a causa di un'inondazione. Grazie a questi reperti fu possibile ricostruire l'aspetto dell'animale in modo esauriente e, ad oggi, *Coelophysis* è uno tra **i dinosauri meglio conosciuti** dal punto di vista anatomico.

I PRIMI DINOSAURI

STRANO, MA VERO!

74. STORIE DI PALEONTOLOGIA: LA GUERRA DELLE OSSA

David Baldwin e **Georg Baur** furono i primi ricercatori a scoprire uno scheletro di *Coelophysis*, nel lontano 1889. Erano collaboratori di **Edward Drinker Cope**, uno dei paleontologi più importanti dell'epoca insieme a **Othniel Charles Marsh**.

Cope e Marsh intrapresero separatamente diversi scavi nelle rocce della Morrison Formation e di Como Bluff, nel Wyoming, dedicandosi a importanti ricerche scientifiche. Ben presto però tra i due paleontologi iniziò una sorta di rivalità: gli uomini di Cope e Marsh si muovevano armati e lavoravano in gran segreto perché entrambi volevano essere i primi a scoprire e descrivere una nuova specie. Questa competizione così accesa è nota come "guerra delle ossa".

Durante la "guerra delle ossa", dal 1860 al 1900, i due studiosi riuscirono a recuperare e descrivere un gran numero di dinosauri tra cui *Triceratops*, *Stegosaurus*, *Allosaurus*, *Diplodocus* e *Camarasaurus*.

La Cava dei dinosauri (Dinosaur National Monument, Colorado, USA).

LA PALEONTOLOGIA

47

75. PLATEOSAURUS

Il suo nome signIfica **"rettile piatto"**. Visse nel **Triassico Superiore**, circa 210 milioni di anni fa, in tutta Europa.

76. COM'ERA PLATEOSAURUS?

Plateosaurus era tra le più grandi creature del suo tempo: poteva raggiungere una lunghezza pari a 8 metri; normalmente camminava a quattro zampe, ma era in grado di sollevarsi sulle possenti zampe posteriori per raggiungere le foglie sui rami più alti degli alberi. La sua dieta era a base di piante.

77. ARTIGLI AFFILATI

Plateosaurus era munito di grosse unghie. In particolare, sul pollice era presente **un artiglio ricurvo e molto affilato**. Probabilmente *Plateosaurus* usava questi artigli per scavare in cerca di radici, per raccogliere le foglie, ma anche per difendersi dai predatori.

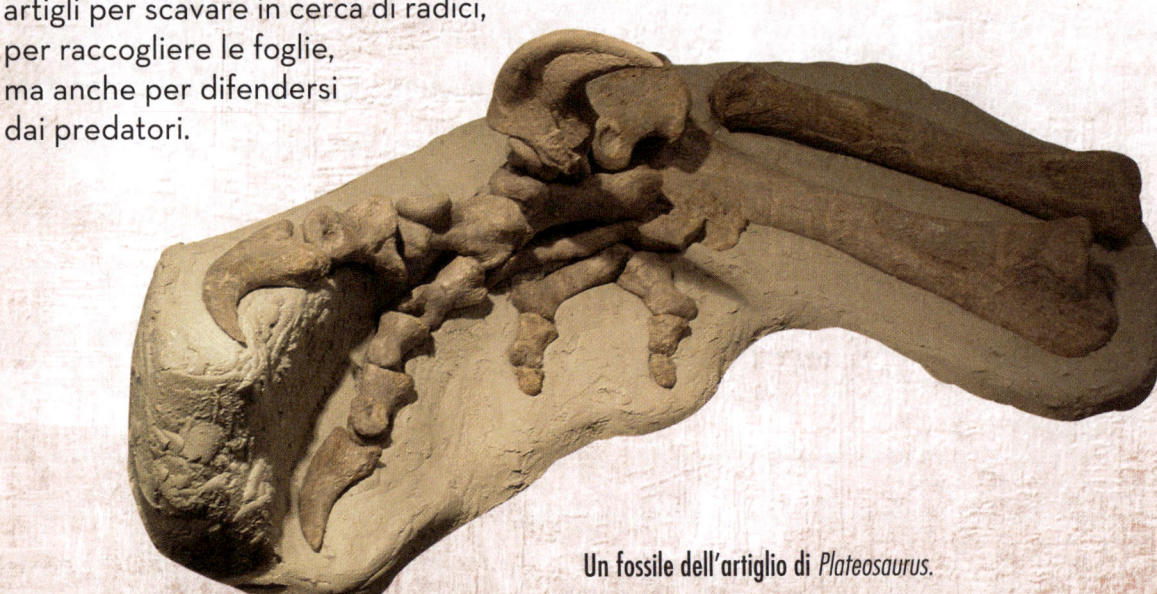

Un fossile dell'artiglio di *Plateosaurus*.

78. UN ANTENATO DEI GRANDI ERBIVORI

Plateosaurus fa parte del gruppo dei **prosauropodi** e presenta già molte delle caratteristiche che si ritroveranno nei giganteschi dinosauri erbivori del periodo Giurassico: la testa piccola, il collo e la coda lunghi, il ventre largo e le zampe possenti.

79. UN CIMITERO DI PLATEOSAURI

In Svizzera esiste una **enorme zona di scavo**, una sorta di cimitero di plateosauri che si estende per quasi 5 chilometri. È probabile che un branco intero di questi animali perì a causa di qualche evento catastrofico, come un'inondazione.

Strano, ma vero!

80. Storie di paleontologia: la nuova famiglia dei guaibasauridi

Nel 1999, il paleontologo argentino **José Bonaparte** ha portato alla luce e descritto i resti di un dinosauro molto primitivo: *Guaibasaurus candelariensis*. Questa specie, il cui nome significa **"lucertola di Guaiba"**, proviene dalle formazioni tardo triassiche del Brasile e rappresenta probabilmente **l'antenato di tutti i successivi dinosauri sauropodi** e forse anche di tutti i teropodi, poiché possiede alcune delle caratteristiche principali di entrambi i gruppi.

Guaibasaurus era un dinosauro primitivo dalla corporatura snella e dalle dimensioni piuttosto ridotte.

Quando nel 2007 Bonaparte scoprì un secondo esemplare di *Guaibasaurus* gli fu possibile acquisire nuove informazioni e confrontarle con altri dinosauri rinvenuti in precedenza. Decise così di istituire il gruppo dei **guaibasauridi**: una nuova famiglia di dinosauri primitivi, in cui inserì anche altri generi simili, raggruppando in questo modo i dinosauri più antichi noti. *Guaibasaurus*, visse circa 220 milioni di anni fa nei territori che oggi fanno parte del parco geologico di Paleorrota, in Brasile. Era un animale carnivoro di dimensioni piuttosto piccole, lungo 2 metri e mezzo e dalla corporatura snella. Probabilmente il suo aspetto non si discostava molto da quello di altri dinosauri primitivi, come *Staurikosaurus* e *Herrerasaurus*.

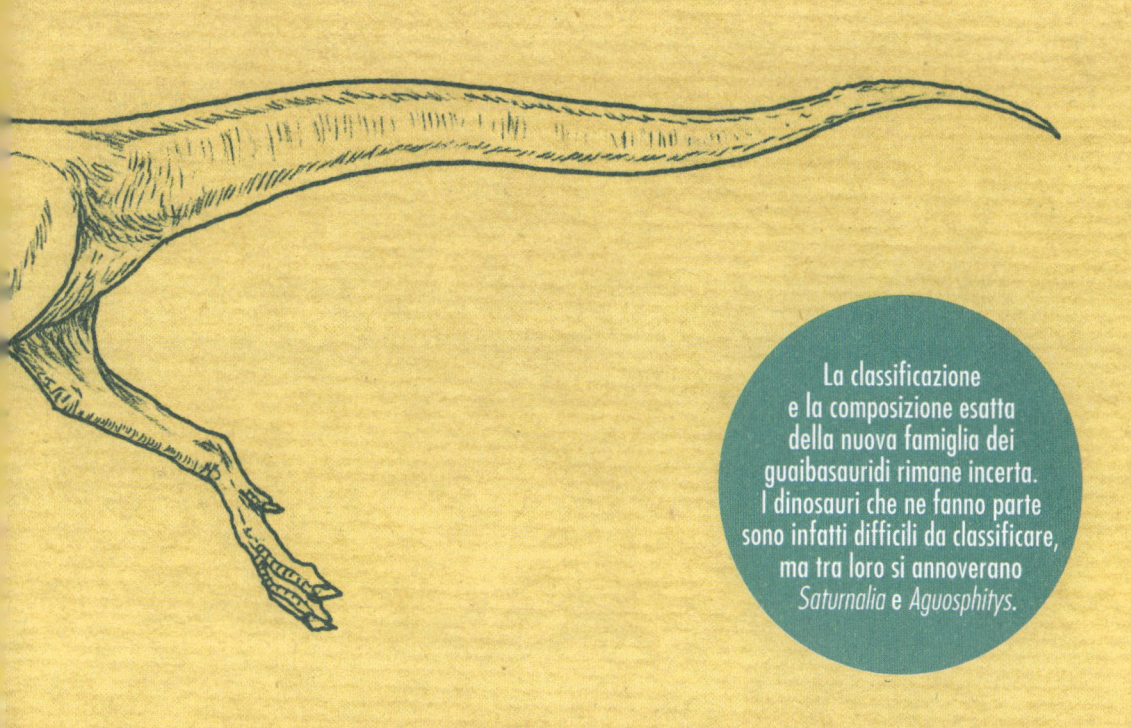

I PRIMI DINOSAURI

La classificazione e la composizione esatta della nuova famiglia dei guaibasauridi rimane incerta. I dinosauri che ne fanno parte sono infatti difficili da classificare, ma tra loro si annoverano *Saturnalia* e *Aguosphitys*.

81. LA SCOMPARSA DEGLI ARCOSAURI

Nel **Triassico Superiore**, molti arcosauri scomparvero. Contemporaneamente si verificò una rapida diversificazione di nuove specie di dinosauri, a partire dai **carnivori più primitivi** appartenenti al gruppo di *Coelophysis*.

82. COELOPHYSOIDI E DILOPHOSAURI

I *Coelophysoidi* e *Dilophosauri* non furono tanto diversi tra loro, tanto che i paleontologi li inseriscono in un'unica grande superfamiglia. La principale differenza riguardò le dimensioni, che nei *Dilophosauri* cominciarono a essere ragguardevoli. Inoltre, in questi esemplari, iniziò a evidenziarsi la presenza di creste sul cranio.

83. CERATOSAURI E ABELISAURI

Il **Giurassico Medio** vide il sopravvento dei **ceratosauri**, i cui fossili si possono ritrovare soprattutto nei territori che facevano parte del continente di **Gondwana** (Africa, Madagascar, India, Oceania e Sud America). La loro diversificazione portò alla comparsa di gruppi dalle caratteristiche interessanti, come i particolarissimi **abelisauri**, evolutisi in Sud America, Africa, Madagascar e India.

Dilophosaurus

84. DILOPHOSAURUS

Il suo nome significa **"dinosauro dalla doppia cresta"**. Visse all'inizio del **Giurassico**, circa 190 milioni di anni fa. I suoi resti sono stati rinvenuti in Nord America e in Cina.

85. COM'ERA DILOPHOSAURUS?

Dilophosaurus fu uno dei primi **dinosauri carnivori** di grosse dimensioni, raggiungeva infatti 2 metri e mezzo di altezza e superava i 6 di lunghezza. Aveva 4 artigli nella mano. Si muoveva agilmente con andatura bipede. La grande testa dal muso lungo era sostenuta da un collo lungo e muscoloso. Le **2 creste** che aveva sul capo, appiattite e ricurve, si estendevano dalle narici alla parte più alta del cranio e formavano una sorta di "V".

86. DENTI DA ERBIVORO?

I denti di *Dilophosaurus* erano meno forti e robusti di quelli degli altri grandi carnivori. Alcuni paleontologi hanno pertanto avanzato l'ipotesi che potesse cibarsi solo di pesci o di animali già morti. Altri, però, sostengono che fosse un **predatore temibile** e che potesse cacciare anche i prosauropodi, gli erbivori più grandi dell'epoca. Una testimonianza di questa seconda ipotesi arriverebbe dalla Cina, dove alcune ossa fossili di *Dilophosaurus* sono state rinvenute accanto a quelle di *Yunnanosaurus*, un prosauropode lungo ben 7 metri!

Cranio di *Dilophosaurus*

DILOFASAURI, CERATOSAURI E ABELISAURI

87. CRYOLOPHOSAURUS

È stato il primo dinosauro trovato in **Antartide** a essere descritto scientificamente. Il suo nome, che vuol dire **"rettile crestato del gelo"**, è dovuto al fatto che fu rinvenuto non lontano dal Polo Sud, sui pendii ghiacciati di una montagna. Visse nel **Giurassico Inferiore**.

88. COM'ERA CRYOLOPHOSAURUS?

Cryolophosaurus apparteneva ai dilofosauri. L'unico esemplare ritrovato misura 6 metri e mezzo di lunghezza, ma, trattandosi forse di un giovane non completamente sviluppato, da adulto avrebbe potuto raggiungere gli 8 metri. Era **bipede**, carnivoro e aveva un **cranio grande** (lungo ben 65 centimetri!), alto e stretto, ornato di una particolarissima cresta nasale che probabilmente aveva solo funzione decorativa.

89. ELVISAURUS

William Hammer, il paleontologo che nel 1991, trovò il primo esemplare di *Cryolophosaurus*, notando la sua vistosa **cresta a ciuffo**, lo soprannominò "Elvisaurus" in onore di **Elvis Presley**, famoso cantante degli anni Sessanta pettinato con un folto ciuffo di capelli.

Cryolophosaurus

Nel Ceratosauro, la coda e il dorso erano ornati da una cresta costituita da piccoli noduli ossei.

Ceratosauro

90. CERATOSAURUS

Il suo nome significava **"rettile cornuto"**. Visse nel **Giurassico Superiore**. I primi resti vennero ritrovati in Nord America.

91. COM'ERA CERATOSAURUS?

Pur risalendo alla fine del periodo Giurassico aveva ancora caratteristiche da dinosauro primitivo, per esempio 4 artigli nella zampa anteriore. Come tutti i teropodi era **bipede** e utilizzava la **coda come organo di bilanciamento**. Le sue dimensioni dovevano aggirarsi intorno ai 6 metri di lunghezza. I suoi denti erano acuminati e molto grossi. Sulla punta del naso aveva un vistoso corno a forma di lama, più 2 cornetti sopra agli occhi.

92. IL FASCINO DELLE CORNA

È opinione dei paleontologi che le corna di *Ceratosaurus* servissero come **carattere di riconoscimento** all'interno della specie e non per la difesa o la caccia.

DILOFASAURI, CERATOSAURI E ABELISAURI

Strano, ma vero!

93. STORIE DI PALEONTOLOGIA: TESTA DA ARCOSAURO... MANI DA UCCELLO

Uno dei più antichi ceratosauri proviene dalla famosa formazione giurassica di Guanlong in Cina. Si tratta di **Limusaurus inextricabilis**, il "dinosauro impantanato nel fango". *Limusaurus* era bipede, aveva corporatura gracile, un collo prominente e una lunga coda.

Riproduzione del *Limusaurus*.

Aveva il cranio corto e stranamente molto simile a quello di **Effigia** e **Shuvosaurus** (gli arcosauri triassici vissuti diversi milioni di anni prima).

La presenza del becco, la mancanza di denti e i gastroliti (piccoli sassolini ritrovati nello stomaco fossile) suggeriscono che questo animale fosse onnivoro o vegetariano, proprio come i dinosauri ornitomimi tipici del successivo periodo Cretaceo.

> Lo scheletro agile e snello e la lunghezza delle gambe in rapporto al corpo suggeriscono ai paleontologi che potesse essere un veloce corridore.

Le zampe anteriori erano davvero piccole e ricordano quelle di *Alvarezsaurus*, il particolarissimo dinosauro dalle braccia quasi atrofizzate che visse oltre 70 milioni di anni dopo. Il suo aspetto doveva essere molto simile a quello di un uccello: piumato, bidepe, agile e di corporatura leggera, con zampe posteriori da veloce corridore. Per mantenere l'equilibrio utilizzava la coda, lunga più della metà del corpo e rigida.

DILOFASAURI, CERATOSAURI E ABELISAURI

94. ABELISAURUS

La specie *Abelisaurus comahuensis* prende il nome dal suo scopritore, **Roberto Abel**, e dalla regione Argentina di Comahue, dove nel 1983 sono stato trovati i suoi resti. Visse nel **Cretaceo Superiore**.

95. COM'ERA ABELISAURUS?

Si suppone che fosse un carnivoro di 8 metri di lunghezza, bipede, con gambe possenti e una lunga coda. Probabilmente occupava il vertice della catena alimentare, ricoprendo il ruolo di **superpredatore**. Predava adrosauridi e i giganteschi titanosauridi, sfruttando la potenza delle mascelle e i denti taglienti, lunghi e seghettati sui margini. Sul cranio non presentava creste o corna sporgenti, ma una protuberanza tra occhi e muso: forse una cresta. Ai lati del cranio aveva delle grandi **finestre**.

96. SOLO UN CRANIO

Di *Abelisaurus* non abbiamo che un cranio: grosso, quasi completo e lungo più di 80 centimetri. Il resto dello scheletro è stato ricostruito per confronto con altri abelisauridi noti, come **Carnotaurus** e **Majungasaurus**.

Abelisaurus

Strano, ma vero!

97. LA PAROLA AL PALEONTOLOGO: A CHE COSA SERVONO LE FINESTRE NEL CRANIO DEI DINOSAURI?

Nell'evoluzione dei dinosauri carnivori, l'aumento di dimensioni della testa portò alla necessità di diminuire il peso. Si assiste così a una evoluzione che porta a una maggiore presenza di ampie aperture nel cranio, chiamate finestre. Le finestre rendevano più **leggero** il cranio senza tuttavia comprometterne forza e robustezza.

La loro presenza offriva inoltre utili punti di attacco per i **muscoli masticatori**. Nel cranio dei dinosauri rimasero compatte solo la mascella e la mandibola, fondamentali per sostenere i denti, e la parte posteriore del cranio, necessaria per contenere il cervello e permettere l'aggancio dei muscoli del collo.

> Nei crani degli erbivori la giunzione tra mascella superiore e inferiore si trovava sotto il livello dei denti. Nel cranio dei carnivori il legame tra le due mascelle si trovava sulla linea dei denti.

DILOFASAURI, CERATOSAURI E ABELISAURI

98. CARNOTAURUS

Il suo nome significa **"toro carnivoro"**. Visse nel **Cretaceo Superiore**, circa 80 milioni di anni fa, nei territori che oggi corrispondono alla Patagonia.

99. COM'ERA CARNOTAURUS?

È uno dei teropodi sudamericani più particolari. Apparteneva agli Abelisauri. Misurava 8 metri di lunghezza e si muoveva con andatura bipede, aveva zampe posteriori forti ma slanciate, il collo insolitamente lungo, la coda sottile. Il cranio, corto e squadrato, presentava **2 spesse corna** sopra gli occhi (da cui il nome). La mandibola sottile e i denti, non particolarmente grandi, lasciano pensare che potesse nutrirsi di carogne o che avesse una tecnica di caccia diversa dalla maggior parte dei teropodi.

100. UN'OTTIMA VISTA

Dalla posizione delle **orbite**, **orientate frontalmente**, si è dedotto che il *Carnotaurus* potesse avere una vista particolarmente buona, in grado di percepire con precisione la profondità di campo e le distanze.

Cranio di *Carnotaurus*

101. TECNICHE DI CACCIA ALTERNATIVE

Le **braccia** erano **minuscole** rispetto al corpo. Si pensa che questo dinosauro avesse una tecnica di caccia diversa da quella della maggior parte dei teropodi. È possibile che sfruttasse maggiormente i lunghi artigli delle zampe posteriori.

102. PELLE FOSSILIZZATA

Insieme allo scheletro di *Carnotaurus*, vennero rinvenuti estesi lembi di pelle fossilizzata. Fu così possibile ricostruire anche l'aspetto esteriore dell'animale. Sulla pelle, dal collo alla coda, erano presenti piccoli **bitorzoli** disposti in modo regolare. Sulla testa aveva invece delle **gobbette**, da cui partivano file di grosse scaglie sporgenti.

103. CORNA DA TORO

È opinione di alcuni paleontologi che le corna di *Carnotaurus* potessero essere più lunghe di quello che appare dai resti, perché ricoperte da strati di cheratina, tessuto che allo stato fossile si conserva difficilmente. È anche possibile che le corna fossero una **peculiarità dei maschi**, come spesso accade oggi in natura.

Carnotaurus

DILOFASAURI, CERATOSAURI E ABELISAURI

104. I TETANURI

Megalosauri e spinosauri appartengono al grande gruppo dei **tetanuri**, i dinosauri carnivori bipedi, con coda rigida e 3 (o meno) artigli nelle mani. L'evoluzione dei tetanuri porterà fino agli uccelli, unici rappresentanti viventi del gruppo. I **megalosauri** erano tetanuri ancora piuttosto primitivi e furono tipici del Giurassico. Gli **spinosauri** invece vissero nel Cretaceo ed erano già molto ben specializzati.

105. GLI SPINOSAURI

Il loro cranio era simile a quello di un coccodrillo, la forma delle mascelle e i denti conici fanno supporre che si fossero adattati a una **dieta** prevalentemente a **base di pesci**. Molti di loro avevano una **vela sul dorso** la cui funzione, assai discussa tra i paleontologi, poteva essere quella di un pannello solare, oppure di uno strumento intimidatorio o, ancora, una struttura di richiamo sessuale. La famiglia degli spinosauri prende il nome dall'enorme **Spinosaurus** che, a oggi, detiene il record di lunghezza tra i dinosauri carnivori.

Megalosaurus aveva degli artigli ricurvi e seghettati, tutte caratteristiche di un feroce predatore.

Megalosaurus

Megalosaurus

106. MEGALOSAURUS

Il suo nome significa **"rettile gigante"**. Visse nel **Giurassico**, circa 165 milioni di anni fa, nei territori che oggi corrispondono all'Europa. I suoi resti provengono dall'Inghilterra, dalla Francia e dal Portogallo, ma non vi sono scheletri completi.

107. COM'ERA MEGALOSAURUS?

Era un carnivoro bipede, lungo circa 9 metri, con collo corto e muscoloso, una grande testa, con fauci munite di denti taglienti, coda voluminosa e artigli affilatissimi. Nel Giurassico Medio fu sicuramente **uno dei maggiori predatori** in Europa.

108. UN DINOSAURO STORICO

È uno dei principali protagonisti della storia degli studi paleontologici. Fu infatti il primo dinosauro a essere descritto in una pubblicazione scientifica. Nel 1824 **William Buckland**, professore di geologia all'Università di Oxford, venne in possesso di una piccola collezione di ossa fossilizzate, che identificò come resti di un grosso rettile estinto, a cui diede il nome di *Megalosaurus*.

MEGALOSAURI E SPINOSAURI

109. BARYONYX

Il nome vuol dire **"artiglio pesante"**. Questo dinosauro visse all'inizio del **Cretaceo**, più o meno 120 milioni di anni fa, nei territori pianeggianti ricchi di laghi e corsi d'acqua che oggi corrispondono alle zone che si estendono dall'Inghilterra meridionale fino al Belgio.

110. COM'ERA BARYONYX?

Era uno **spinosauride** che raggiungeva i 10 metri in lunghezza e 4 in altezza. Le zampe anteriori erano lunghe e forti e la mano aveva il pollice armato di un singolare **artiglio ricurvo**, lungo circa 30 centimetri. Durante la corsa, le zampe posteriori, forti ed erette, sostenevano tutto il peso del corpo bilanciato da una coda lunga e larga alla base. Da fermo poteva probabilmente assumere postura quadrupede.

111. CRANIO DA COCCODRILLO

Il cranio stretto e lungo di *Baryonyx* assomigliava a quello di un coccodrillo. La mascella era più robusta della mandibola, i **denti** erano **di forma conica**, numerosissimi, più grandi nella parte anteriore delle fauci e più piccoli dietro.

112. UN COLLO RIGIDO

Il **collo**, **allungato** e muscoloso, era in grado di sostenere la **lunga testa** grazie alla rigidità che gli conferivano le vertebre. Questo però non aveva la possibilità di curvarsi a "S", come invece avveniva nella maggior parte dei dinosauri carnivori.

Baryonix

113. UNA DIETA A BASE DI PESCI

Il profilo della bocca e la forma dei denti fanno pensare che *Baryonyx* seguisse una dieta a base di pesce. L'artiglio ricurvo doveva essere perfetto per **infilzare i pesci**. A confermare questa ipotesi, tra le sue costole, all'altezza dello stomaco, sono state rinvenute numerose scaglie già parzialmente digerite di un grosso pesce del genere **Lepidotes**, molto comune nel Cretaceo.

114. COME UN ORSO GRIZZLY

La tecnica di caccia di *Baryonyx*, che aveva zampe anteriori davvero notevoli, doveva essere simile a quella degli orsi grizzly attuali, che si appostano lungo le rive dei fiumi in attesa del passaggio della preda.

MEGALOSAURI E SPINOSAURI

115. SPINOSAURUS

Il nome significa **"rettile con le spine"**. Visse nel periodo **Cretaceo**, circa 95 milioni di anni fa. I suoi resti sono stati rinvenuti in Nord Africa.

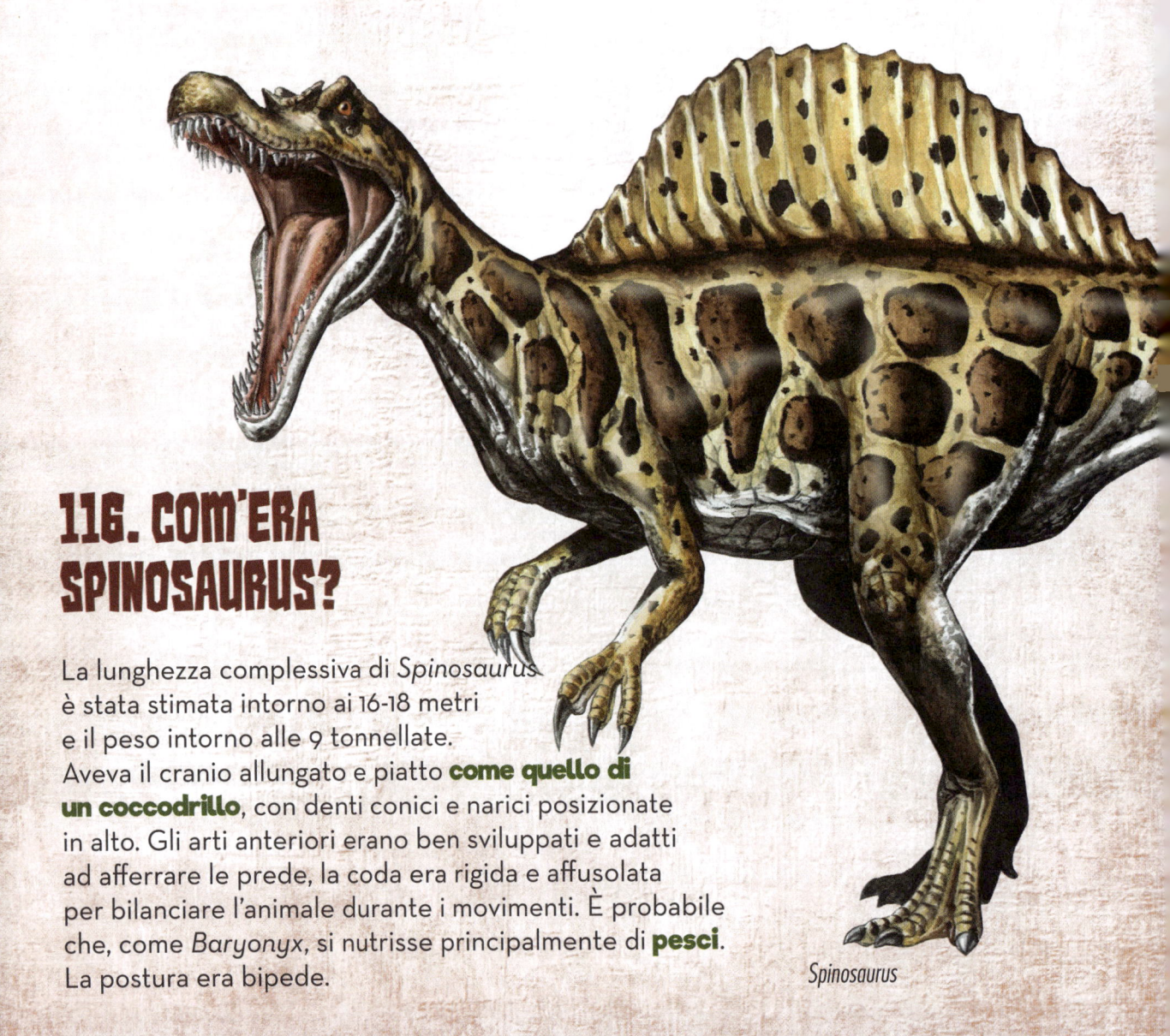

116. COM'ERA SPINOSAURUS?

La lunghezza complessiva di *Spinosaurus* è stata stimata intorno ai 16-18 metri e il peso intorno alle 9 tonnellate. Aveva il cranio allungato e piatto **come quello di un coccodrillo**, con denti conici e narici posizionate in alto. Gli arti anteriori erano ben sviluppati e adatti ad afferrare le prede, la coda era rigida e affusolata per bilanciare l'animale durante i movimenti. È probabile che, come *Baryonyx*, si nutrisse principalmente di **pesci**. La postura era bipede.

Spinosaurus

117. PIÙ GRANDE DEL T-REX

Anche se non si conoscono scheletri completi, è stato possibile calcolare le sue misure confrontandole con altri esemplari di specie simili. Solo il cranio misurava 2 metri. Le spine centrali sul dorso potevano superare l'altezza di un uomo adulto. Era il **più grande tra i dinosauri carnivori**, più grande perfino del famoso *Tyrannosaurus*.

118. UNA VELA SULLA SCHIENA

Sulla schiena dello *Spinosaurus* erano presenti spine lunghissime e spesse. I paleontologi ipotizzano che servissero da sostegno per una grossa membrana dorsale. Alcuni esperti pensano che fosse uno **strumento di regolazione della temperatura corporea**. Altri sostengono che potesse essere visibilmente colorata e fungesse sia da **strumento intimidatorio** per gli altri maschi sia come **richiamo sessuale** per le femmine.

119. L'OURANOSAURUS

In Nord Africa, dove il clima era torrido anche nel Cretaceo, sono stati scoperti i resti di una specie di dinosauro iguanodonte, l'*Ouranosaurus*, che come lo *Spinosaurus* era dotato di un'ampia **vela dorsale**. Questo favorirebbe la teoria secondo cui la vela fosse un efficace sistema di controllo della temperatura corporea.

120. RESTI DISTRUTTI

Il primo resto di *Spinosaurus* venne scoperto in **Egitto** nel **1911**: era conservato a Berlino, ma, durante la Seconda guerra mondiale, andò distrutto.

MEGALOSAURI E SPINOSAURI

STRANO, MA VERO!

121. STORIE DI PALEONTOLOGIA: IRRITATOR E GLI SCIENZIATI FURIOSI

Per nominare le nuove specie, i paleontologi prendono spunto da una serie di fonti: dettagli anatomici, località di ritrovamento, nome dello scopritore, e così via. A volte usano giochi di parole o termini che si riferiscono a un particolare avvenimento legato al momento della scoperta. È il caso di *Irritator*: **il dinosauro che ha suscitato la loro ira**!

Irritator

Il realtà, *Irritator* era uno Spinosauride, lungo 7-8 metri, con il muso da coccodrillo.

Cranio di *Irritator*

In Brasile, c'è un importante sito di interesse paleontologico che si chiama Santana.

Il suo ritrovamento è avvenuto in Brasile. Un commerciante di fossili recuperò un cranio e ne modificò le sembianze per renderlo più grande e prezioso così da poterlo vendere, illegalmente, a un prezzo maggiore. Usò del cemento per allungare il muso e la cresta. Il team di paleontologi dovette lavorare duramente per riportare il cranio alla condizione originaria e procedere allo studio. Da qui la "rabbia" da cui deriva il nome del dinosauro.

MEGALOSAURI E SPINOSAURI

122. CARNOSAURI

Sono dinosauri carnivori vissuti nel **Giurassico** e nel **Cretaceo**. Si originarono nel **Giurassico Medio** da tetanuri non molto specializzati, come *Megalosaurus*, e vengono suddivisi in 4 famiglie: **sinraptoridi**, **allosauridi**, **carcharodontosauridi** e **neovenatoridi**. Questi dinosauri avevano caratteri comuni agli uccelli.

123. I SINRAPTORIDI E GLI ALLOSAURIDI

I primi, dalla corporatura più esile, provengono quasi tutti dalla **Cina** e pare abbiano avuto un'evoluzione per conto proprio. I secondi furono tra i principali predatori del **Nord America**. Erano di lunghezza compresa tra 7 e 10 metri e caratterizzati da piccole corna, o creste, davanti agli occhi.

124. CARCHARODONTOSAURIDI E NEOVENATORIDI

All'inizio del **Cretaceo**, sinraptoridi e allosauridi lasciarono campo libero ai carcharodontosauridi, tipici del **Sud America** e dell'**Africa**, che comprendono i più grandi dinosauri carnivori noti, e ai neovenatoridi, muniti di enormi artigli sulle mani e ultimi carnosauri a scomparire sul finire del Cretaceo.

125. SINRAPTOR

Soprannominato il **"ladro cinese"**, è stato scoperto nel 1987 in **Cina**. Era lungo circa 7 metri e aveva una corporatura che lo rendeva particolarmente agile. Aveva il cranio grande, ma leggero, denti ricurvi e dai margini seghettati, gambe lunghe e mani a tre dita con artigli affilati. *Sinraptor* presenta tutte le caratteristiche tipiche dei carnosauri così, a partire dal suo nome, è stata creata la famiglia dei **sinraptoridi**, che raggruppa i **carnosauri meno evoluti** e specializzati.

126. YANGCHUANOSAURUS

Il **"rettile di Yang-ch'uan"** è un parente strettissimo di *Sinraptor*. *Yangchuanosaurus* aveva una bassa vela lungo tutto il dorso, una coda molto lunga e alcune creste e prominenze sul cranio. Inoltre le dimensioni di *Yangchuanosaurus* erano di 2 o 3 metri superiori a quelle di *Sinraptor*.

Yangchuanosaurus

CARNOSAURI

127. ALLOSAURUS

Fu uno dei dinosauri carnivori più comuni del Nord America durante il **Giurassico Superiore** (circa 150 milioni di anni fa). Il suo nome significa **"strana lucertola"**.

128. COM'ERA ALLOSAURUS?

Allosaurus raggiungeva 8 metri di lunghezza, 4 metri di altezza e più di 2 tonnellate di peso. Grosso e potente e, allo stesso tempo, agile e veloce, si muoveva in postura **bipede** e, durante la corsa, teneva la testa bassa e il corpo parallelo al terreno e sfruttava la lunga coda come contrappeso. Il cranio era grande e il collo lungo e massiccio. Le zampe anteriori a 3 dita erano munite di **robusti artigli affilati**, lunghi fino a 20 centimetri.

Allosaurus

129. MASCELLE MICIDIALI

Le mascelle di *Allosaurus*, dotate di **un'articolazione intermedia**, erano in grado di allargarsi verso l'esterno, aumentando l'apertura delle fauci. I **denti**, una sessantina, erano **spessi**, **affilati**, **ricurvi** e dotati di una seghettatura lungo i margini. Taglienti come coltelli, potevano penetrare anche nella pelle più coriacea e **trattenere facilmente** la preda.

130. A CACCIA DI GROSSE PREDE

Tra le prede di *Allosaurus* vi erano sicuramente grossi erbivori come il **Camarasaurus** e lo **Stegosaurus**, ma nemmeno i giganteschi **Apatosaurus** e **Diplodocus** potevano considerarsi al sicuro, tanto che su uno scheletro di *Apatosaurus* sono state rinvenute tracce di morsi inferti da *Allosaurus*.

131. STRANE PROTUBERANZE

La testa di *Allosaurus* era ornata di due voluminose protuberanze ossee davanti agli occhi. Non si conosce la funzione di queste strutture, tuttavia si immagina che potessero servire come **segnali di riconoscimento** per la specie, per i combattimenti tra maschi o come segno di distinzione tra maschi e femmine. Qualche paleontologo ipotizza che potessero servire per fare ombra agli occhi.

132. UNA CRESCITA DA RECORD

La gran quantità di scheletri ben conservati fa dell'*Allosaurus* il teropode meglio conosciuto al mondo. Si è calcolato che questi dinosauri crescessero di circa **150 chilogrammi ogni anno**.

CARNOSAURI

Strano, ma vero!

133. STORIE DI PALEONTOLOGIA: IL DINOSAURO DROMEDARIO

Nel 2010 è stato rinvenuto un dinosauro che ha sorpreso i paleontologi per le sue bizzarre caratteristiche. È stato battezzato *Concavenator corcovatus*: "il cacciatore con la gobba di Cuenca".

Oltre alla gobba, questa creatura aveva anche tubercoli negli avambracci che ricordano il punto di intersezione delle penne negli uccelli. Forse *Concavenator* aveva delle protopenne?

"Cuenca" è la località spagnola dove è avvenuto il ritrovamento, mentre "gobba" si riferisce alla presenza di due vertebre più alte e sporgenti delle altre sulla parte posteriore della schiena. Il paleontologo che lo ha scoperto e studiato, **Francisco Ortega**, ha ipotizzato che la gobba avesse la funzione di immagazzinare il grasso, come nei dromedari, o che servisse come struttura ornamentale per competere in bellezza con gli altri maschi, oppure come organo di termoregolazione corporea, per accumulare o disperdere calore.

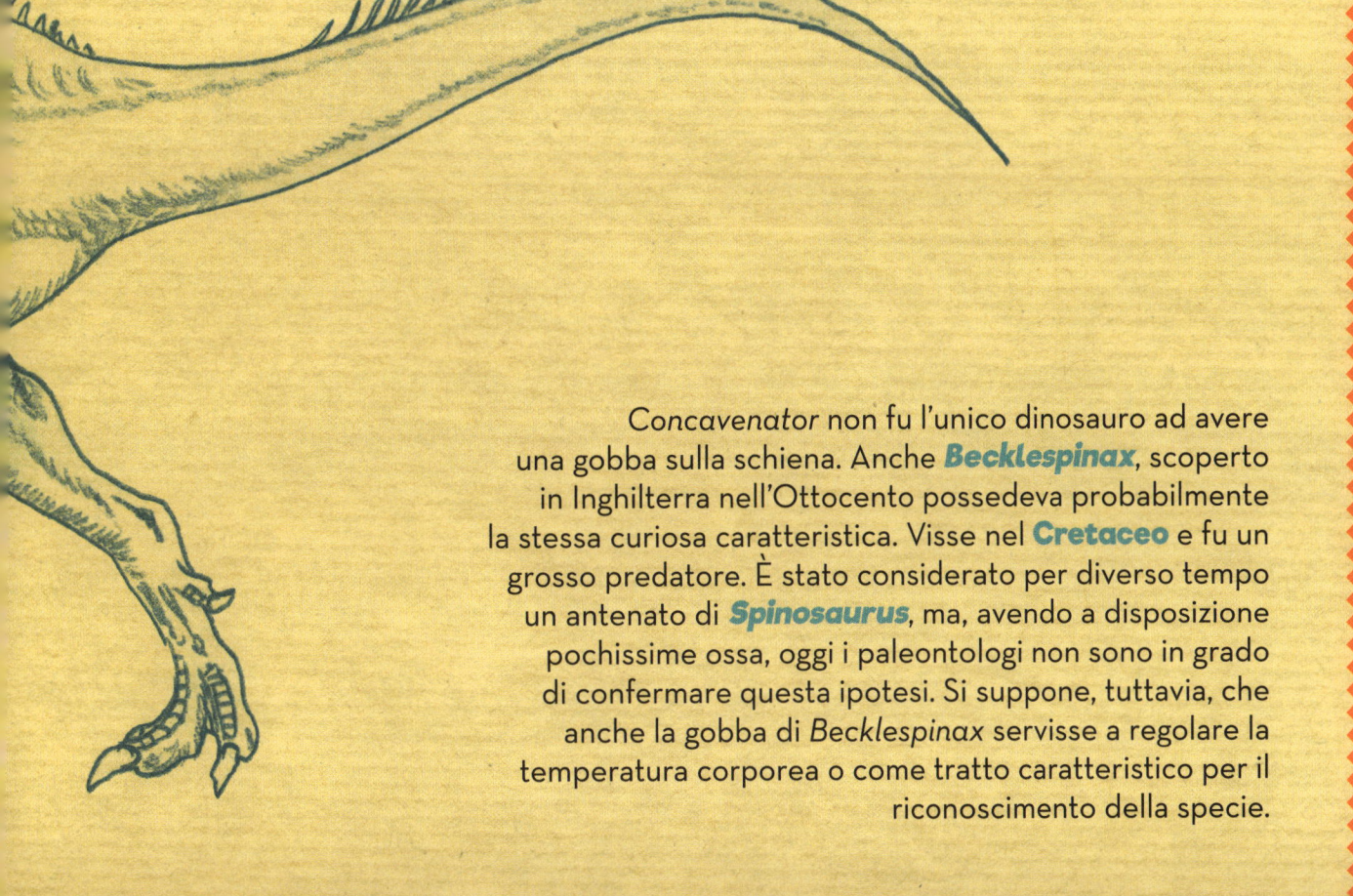

Concavenator non fu l'unico dinosauro ad avere una gobba sulla schiena. Anche **Becklespinax**, scoperto in Inghilterra nell'Ottocento possedeva probabilmente la stessa curiosa caratteristica. Visse nel **Cretaceo** e fu un grosso predatore. È stato considerato per diverso tempo un antenato di ***Spinosaurus***, ma, avendo a disposizione pochissime ossa, oggi i paleontologi non sono in grado di confermare questa ipotesi. Si suppone, tuttavia, che anche la gobba di *Becklespinax* servisse a regolare la temperatura corporea o come tratto caratteristico per il riconoscimento della specie.

134. CARCHARODONTOSAURUS

Vissuto nel **Cretaceo Medio**, circa 100 milioni di anni fa, deve il nome all'aspetto dei suoi denti taglienti e seghettati, che ricordano quelli del genere **Carcharodon**, a cui appartiene lo squalo bianco. I suoi resti provengono dall'Algeria, dall'Egitto, dal Marocco e dal Niger.

135. COM'ERA CARCHARODONTOSAURUS?

Carcharodontosaurus raggiungeva una lunghezza pari a 13 metri e pesava 3 tonnellate, ma la sua corporatura doveva apparire **elegante e snella**, con una **coda lunga** e un **forte collo**. Le zampe posteriori erano possenti, quelle anteriori ben sviluppate e dotate di artigli affilatissimi. La testa, lunga e stretta, era munita di enormi fauci armate di denti lunghi fino a 12 centimetri.

136. UNA TESTA ENORME!

Le prime ossa fossili vennero distrutte durante i bombardamenti della Seconda guerra mondiale. Fortunatamente, nel 1995, il paleontologo **Paul Sereno** portò alla luce parti di un enorme esemplare in Marocco. Fu una scoperta sensazionale solo la testa misurava quasi un metro e 70 centimetri, superando per dimensioni il cranio del più grande **Tyrannosaurus** rinvenuto.

Carcharodontosaurus

Fossile di *Giganotosaurus*

137. GIGANOTOSAURUS

Visse nel **Cretaceo Inferiore**, circa 100 milioni di anni fa, in Sud America. Il nome significa "rettile gigante del sud" (il termine "notos" si riferisce ai venti del sud).

138. COM'ERA GIGANOTOSAURUS?

Giganotosaurus era lungo 14 metri e mezzo e pesava 8 tonnellate. Per lunghezza del corpo era secondo solo a *Spinosaurus*. Malgrado le dimensioni, la sua corporatura doveva essere abbastanza snella. Aveva enormi mascelle e denti affilati come rasoi, ma piuttosto corti. È attualmente considerato il più grande tra i dinosauri carnivori. Conosciamo anche le sue preferenze alimentari: nelle vicinanze del sito dove è stato ritrovato, sono stati scoperti resti fossili di **argentinosauri** e altri giganteschi titanosauri erbivori.

139. UN FIUTO DA CACCIATORE

Dall'analisi del cranio di *Giganotosaurus* si è osservato che la regione olfattiva era ben sviluppata, pertanto si presume che fosse un **abilissimo cacciatore**. Il cervello però misurava più o meno la metà di quello di *Tyrannosaurus*.

CARNOSAURI

Strano, ma vero!

140. LA PAROLA AL PALEONTOLOGO: COME FUNZIONAVA IL CERVELLO DEI DINOSAURI?

Come in tutti gli animali, anche nei dinosauri il cervello controllava le attività e il funzionamento del corpo. Grazie agli strumenti tecnologici più moderni, è stato possibile ricostruire nei minimi dettagli e in tridimensione i crani di alcuni dinosauri e osservarne l'interno. È emerso che il loro cervello era davvero piccolo e che spesso nel cranio erano presenti cavità e condotti pieni d'aria.

Si suppone che nei dinosauri carnivori, in particolare in quelli dai crani enormi, la funzione di queste sacche d'aria fosse quella di alleggerire il peso della testa. Nei dinosauri erbivori, invece, le cavità sarebbero servite come casse di risonanza per emettere suoni.

Un cranio di *Allosaurus* esposto presso il Museo di Paleontologia di Zurigo (Svizzera).

141. MEGARAPTOR

Il suo nome significa **"ladro enorme"**. Visse durante il periodo **Cretaceo** e i suoi resti provengono dalla Patagonia.

142. COM'ERA MEGARAPTOR?

Non si conoscono suoi scheletri interi, ma, da ciò che è stato ritrovato, si stima che potesse misurare circa 9 o 10 metri di lunghezza. *Megaraptor* ha gli **artigli più pericolosi** conosciuti: delle vere e proprie lame ricurve, affilatissime e lunghe ben 30 centimetri, simili agli artigli a falce dei dromeosauridi, come il *Velociraptor*, ma più grandi e portate sulle mani anziché sui piedi.

Megaraptor

143. ARTIGLI INGANNEVOLI

Al momento della scoperta dei fossili di *Megaraptor*, la presenza del grosso artiglio a falce ingannò i paleontologi, che pensarono di aver portato alla luce un enorme **dromeosauride**. Poi si capì che l'artiglio apparteneva al primo dito della mano e il dinosauro venne inserito tra i **neovenatoridi**: un gruppo di carnosauri caratterizzato dalla presenza di grandi artigli sugli arti anteriori. Non tutti gli studiosi però sono d'accordo. Secondo alcuni, *Megaraptor* potrebbe appartenere al gruppo degli **spinosauridi** o essere un parente stretto di *Carcharodontosaurus*.

I CARNOSAURI

144. I CELUROSAURI

Comparvero verso la metà del periodo **Giurassico** e comprendevano una grande quantità di teropodi molto diversificati, soprattutto per le dimensioni. Dei celurosauri infatti fanno parte i **tirannosauri**, noti per la grande mole, ma anche gli **ornitomimi** e i **maniraptora**, tra i quali vi sono i più piccoli dinosauri conosciuti e gli uccelli. Avevano la coda lunga e rigida e gambe da corridore. Erano per la maggior parte carnivori. Moltissimi erano piumati.

145. CELUROSAURI E UCCELLI

I paleontologi usano la parola "aveteropode" per indicare tutti quei **dinosauri carnivori** che hanno caratteri in comune con gli uccelli.

145. I TIRANNOSAURI

Sembrerebbero derivare da un gruppo di piccoli celurosauri primitivi, gli **ornitolestidi**: carnivori lenti nella corsa.
I dinosauri della famiglia dei tirannosauridi avevano un cranio grande con fauci ampie e numerosi denti a lama. In molte specie, le orbite erano frontali, consentendo la **visione binoculare**.
Le braccia erano molto corte e con solo "2 dita" per mano.
I paleontologi hanno suddiviso la famiglia dei tirannosauridi in due gruppi: gli **albertosaurini**, più piccoli, gracili e con creste ossee davanti agli occhi, e i **tirannosaurini**, molto più grandi e robusti.

147. CHE COS'È LA VISIONE BINOCULARE?

La **visione binoculare** è una caratteristica di alcune specie animali che permette di vedere la stessa immagine con entrambi gli occhi. È possibile quando gli **occhi** sono **frontali** e possono guardare nella stessa direzione. Questa qualità è di grande utilità soprattutto nei predatori in quanto consente di **stimare con esattezza le distanze**. Gli animali che invece hanno gli **occhi ai lati della testa**, disposti uno a destra e l'altro a sinistra del cranio, non percepiscono le distanze in tridimensione. In compenso hanno un **campo visivo molto più ampio**, quasi 360 gradi, con cui possono avvistare un predatore più facilmente.

DAI CELUROSAURI AI T-REX

148. COMPSOGNATHUS

Visse nel **Giurassico Superiore**. Era grande come una gallina, agile e scattante. Aveva un cranio delicato, da cui il nome, che significa **"mandibola graziosa"**.

149. COM'ERA COMPSOGNATHUS?

Compsognathus era uno dei più piccoli dinosauri noti, raggiungeva al massimo un metro di lunghezza. Era un animale strutturato per essere veloce: possedeva **ossa cave leggerissime**. Le sue zampe erano lunghe e snelle, la coda sottile e flessibile. Gli occhi erano grandi, per avvistare e cacciare prede piccole e in rapido movimento. Possedeva numerosi denti acuminati.

150. DIETA A BASE DI LUCERTOLE

All'interno del ventre di un esemplare rinvenuto in Germania erano visibili i resti di una lucertola del genere **Bavarisaurus**. Lo scheletro della lucertola è intero, dunque *Compsognathus* l'aveva inghiottita in un solo boccone. Anche un secondo esemplare di *Compsognathus*, disseppellito in Francia aveva nell'intestino i resti del suo ultimo pasto e ancora una volta si trattava di un rettile.

151. PARENTE DEI TIRANNOSAURI...

Compsognathus risulta strettamente imparentato con gli enormi dinosauri del gruppo dei **tirannosauri**. Fino a poco tempo fa si credeva addirittura che anche *Compsognathus* come *Tyrannosaurus*, avesse solo 2 dita nelle mani. In realtà ne aveva 3, ma la parentela con i tirannosauri non è in discussione!

Sinosauropteryx

È possibile calcolare la velocità dei dinosauri grazie allo zoologo inglese R. McNeill che ha formulato un'equazione matematica per ricavare questa informazione.

152. ... E DEGLI UCCELLI

Più evidente è la parentela di *Compsognathus* con gli uccelli. La somiglianza con **Archaeopteryx**, l'uccello più antico conosciuto è notevole nella forma, nelle dimensioni e nelle proporzioni. È probabile anche che *Compsognathus* avesse alcune parti di pelle squamosa e altre ricoperte di piume, proprio come gli uccelli.

153. UCCELLI E DINOSAURI

Nel 1868 la forte somiglianza tra *Compsognathus* e *Archaeopteryx* indusse il paleontologo Thomas **Huxley** a concludere che vi fosse uno stretto collegamento tra i dinosauri del passato e gli uccelli moderni. Questo studio diede il via a una serie di ricerche che oggi hanno portato alla **teoria dell'origine degli uccelli dai dinosauri**.

DAI CELUROSAURI AI T-REX

154. SINOSAUROPTERYX

Visse nel **Cretaceo**, in quella che è ora la Cina. Il suo fossile è stato scoperto nel 1996 nella provincia di Liaoning, a poche centinaia di chilometri da Pechino. Il suo nome significa **"rettile cinese con ali"**.

155. COM'ERA SINOSAUROPTERYX?

Fu un piccolo dinosauro, veloce, bipede, lungo poco più di un metro e con una coda molto lunga. La sua struttura anatomica ricorda quella di *Compsognathus*, a esclusione degli arti anteriori più corti, con la mano lunga rispetto al braccio e un grande artiglio sui pollici. I denti aguzzi rivelano che era carnivoro.

156. PROTOPENNE

Fu il **primo dinosauro con le piume** ad essere scoperto. Il suo fossile infatti mostra con chiarezza la presenza di filamenti lunghi e sottili, che sembrano uscire dalla pelle del dorso, della testa, delle braccia e della coda. Probabilmente tutto il corpo dell'animale era ricoperto di un **fitto piumaggio**.

157. A SANGUE CALDO

Le protopenne di *Sinosauropteryx* non servivano per volare, ma per **mantenere costante la temperatura corporea**. I dinosauri infatti, in particolare quelli di piccole dimensioni, dovevano essere creature a sangue caldo.

> Nello stomaco di un fossile di *Sinosauropteryx* sono stati rinvenuti resti di un piccolo mammifero.

Sinosauropteryx

158. PIUME COLORATE

Da uno studio recente è risultato che le piume fossili di questo dinosauro hanno in parte conservato anche i **melanosomi**, ovvero i **pigmenti responsabili del colore**. Pare che *Sinosauropteryx* fosse più scuro sul dorso e più chiaro sul ventre. La coda doveva invece essere a strisce, poiché dai melanosomi risulta un'alternanza di bande chiare e scure.

159. VITA NELLA FORESTA TROPICALE

La zona in cui è stato rinvenuto il fossile circa 125 milioni di anni fa era occupata da una foresta tropicale ricca di laghi, sul cui fondale si conservarono numerosi e importanti resti preistorici.

DAI CELUROSAURI AI T-REX

160. SCIPIONYX

Il suo nome significa **"l'artiglio di Scipione"** in onore del geologo Scipione Breislack, che per primo segnalò l'esistenza di fossili nella zona dove è avvenuto il ritrovamento di questo giovane esemplare. Visse nel **Cretaceo**, 113 milioni di anni fa, nei territori che oggi corrispondono all'Italia Meridionale.

161. COM'ERA SCIPIONYX?

Da adulto, raggiungeva probabilmente un'altezza di un metro e mezzo e 2 metri di lunghezza. Bipede, scattante e con 3 artigli affilatissimi sulle zampe anteriori è stato classificato all'interno del gruppo dei **celurosauri** e secondo uno studio del 2011 risulterebbe imparentato con *Compsognathus*.

162. UN DINOSAURO ITALIANO

Il fossile di *Scipionyx* fu ritrovato a Pietraroja, poco distante da Benevento, nel 1981. Solo nel 1992, è stato riconosciuto come un nuovo genere di dinosauro carnivoro ed è considerato **la più grande scoperta paleontologica italiana**!

163. UN REPERTO QUASI PERFETTO

Il fossile di *Scipionyx* è uno dei più completi ed è tra i pochissimi al mondo in cui siano conservati e ben visibili alcuni **organi interni** e **parti di tessuto molle**. In particolare sono visibili l'intestino, il fegato, gli occhi, gli anelli di cartilagine della trachea, alcuni lembi di pelle, i muscoli del petto e diversi altri fasci muscolari.

164. UN TENERO CUCCIOLO

Scipionyx è anche uno dei **rarissimi dinosauri "cuccioli"** conosciuti. Che fosse un cucciolo lo si deduce dalle proporzioni dello scheletro. La testa e gli occhi, per esempio, sono molto grandi rispetto al corpo e il muso è corto. Inoltre, grazie a tomografie computerizzate, si è visto che aveva un'apertura nella parte alta del cranio: la **fontanella** che alla nascita hanno tutti i cuccioli dei vertebrati.

Scipionyx

165. CHIAMATELO "CIRO"

È questo il soprannome che gli diede la stampa quando questo reperto fu scoperto. Da allora, in Italia è noto soprattutto con questo nome.

DAI CELUROSAURI AI T-REX

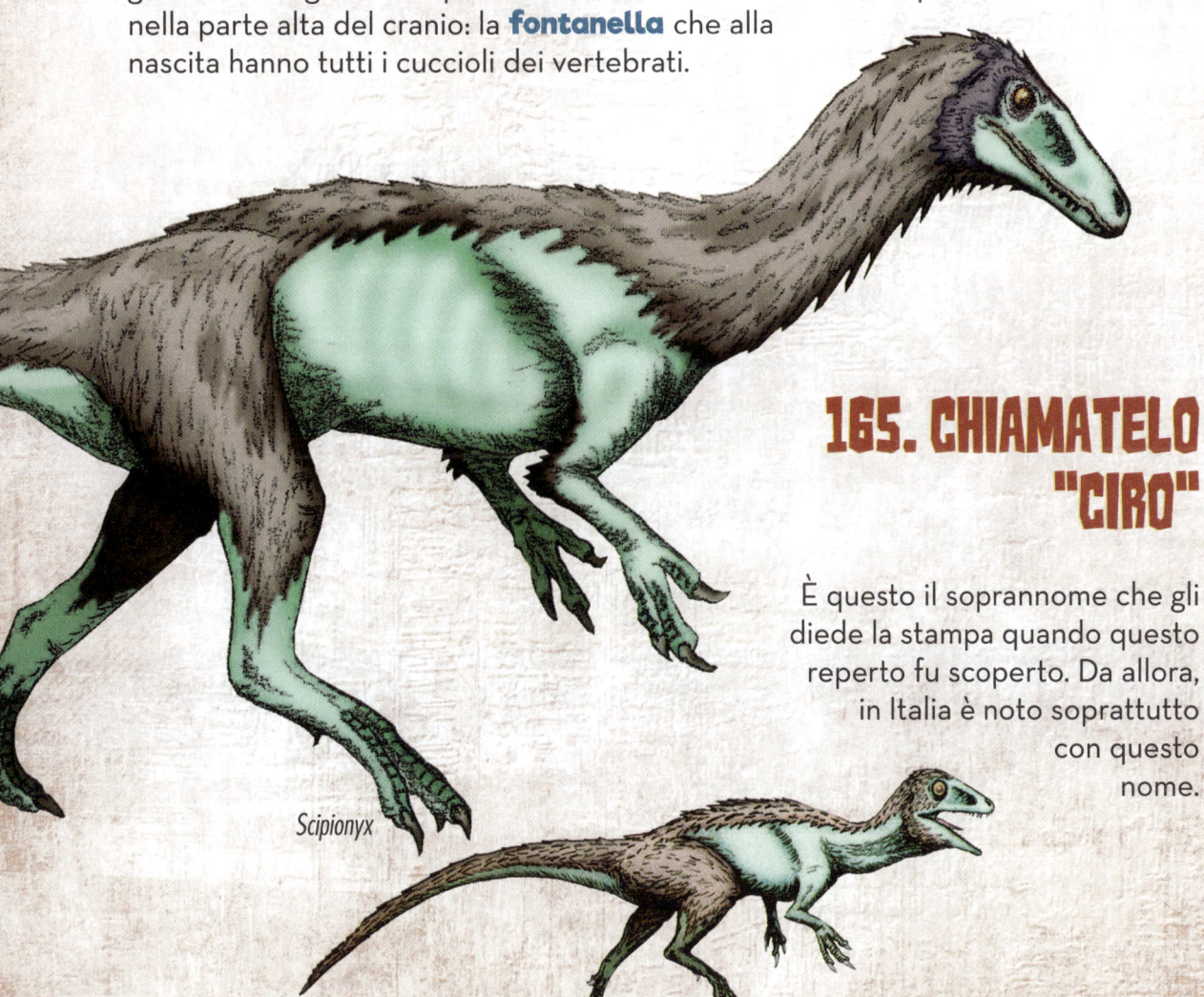

87

Strano, ma vero!

166. STORIE DI PALEONTOLOGIA: GUANLONG E DILONG, MINITIRANNOSAURI CON LE PIUME

Recentemente, in Cina, sono venuti alla luce i resti di due dinosauri eccezionali: *Guanlong* e *Dilong*.

Il primo risale al Giurassico e i suoi resti sono stati rinvenuti nella formazione di Shishugou. Il secondo è invece del Cretaceo Inferiore ed è stato scoperto nelle rocce della formazione di Yixian.

Appartengono entrambi al gruppo dei **tirannosauroidi** e hanno suscitato grande interesse soprattutto per un motivo: erano due piccoli tirannosauri piumati!

Cranio di *Guanlong*

Dilong

Dilong fu il primo dinosauro piumato del gruppo dei tirannosauri scoperto. Le sue piume erano distribuite soprattutto intorno al cranio e sulla coda e dovevano essere piuttosto rudimentali poiché non presentavano il rachide centrale. La grande somiglianza tra *Dilong* e *Guanlong* lascia supporre che anche quest'ultimo avesse il corpo ricoperto di piume.

Poiché i **tirannosauri** di grandi dimensioni non mostrano evidenze di piume, i paleontologi pensano che solo i giovani e le specie di piccole dimensioni le avessero, probabilmente per mantenere costante la temperatura corporea. Forse, con la crescita, le piume scomparivano e lasciavano via via posto alle scaglie. Gli animali di grande taglia non hanno infatti bisogno di strutture di isolamento termico.

167. TARBOSAURUS

Il nome significa **"rettile che allarma"**. Visse alla fine del periodo **Cretaceo**, circa 70 milioni di anni fa, nei territori che oggi corrispondono alla Mongolia.

168. COM'ERA TARBOSAURUS?

Apparteneva ai **tirannosauridi**. Era un predatore alto 5 metri e lungo 12, con un cranio enorme, lungo fino a un metro e 30 centimetri. Le sue mascelle erano larghe e potenti, in grado con un solo morso di spezzare le ossa delle prede. Si muoveva in postura bipede. La coda, lunga e pesante, faceva da contrappeso alla testa. I piedi erano muniti di 3 dita artigliate, ben sviluppate e rivolte in avanti, e di un piccolo quarto dito rivolto all'indietro. La lunghezza della tibia e delle ossa della caviglia lasciano supporre che potesse correre piuttosto velocemente.

169. MINI-BRACCIA

Le braccia di *Tarbosaurus* terminavano con 2 dita complete e un abbozzo di terzo dito, ed erano **talmente corte da non poter raggiungere neppure la bocca**. I paleontologi non hanno ancora capito a cosa servissero.

170. TROVA LE DIFFERENZE

Tarbosaurus somiglia molto a *Tyrannosaurus*, tanto che alcuni studiosi ritengono che i due possano essere lo stesso animale. Tuttavia i resti del primo sono venuti alla luce in Mongolia, mentre quelli del secondo provengono dal Canada. Inoltre esistono alcune differenze anatomiche tra i due dinosauri: *Tarbosaurus*, per esempio, aveva la testa più grande e il corpo più snello e i suoi occhi inoltre non erano frontali, ma laterali.

171. UN ABILE PREDATORE

Alcuni studiosi ritengono che *Tarbosaurus* fosse in grado di tendere agguati e rincorrere le vittime prescelte e che predasse anche grossi sauropodi e adrosauri come **Saurolophus**. Altri esperti reputano invece che, data la mole notevole, si muovesse lentamente e si potesse nutrire solo dei resti di animali morti o di prede rubate ad altri dinosauri.

172. IL T-REX ASIATICO

I primi resti fossili di *Tarbosaurus* sono stati rinvenuti nel 1955 in Mongolia, nel deserto del Gobi, durante la spedizione russa guidata dal paleontologo **Evgeny Maleev**, che diede il nome all'animale.

Tarbosaurus

173. TYRANNOSAURUS

Visse in Nord America alla fine del **Cretaceo**, tra 70 e 65 milioni di anni fa. Il suo nome significa **"rettile tiranno"**.

Malgrado la sua mole, il *Tyrannosaurus* era un abile cacciatore. All'occasione, però, poteva nutrirsi anche di carogne.

Tyrannosaurus

174. COM'ERA TYRANNOSAURUS?

Le sue **dimensioni** erano **spaventose**: era alto 6 metri, lungo 13 e pesante 7 tonnellate. Il suo cranio era massiccio e lungo fino a un metro e mezzo, i muscoli della mandibola robustissimi, per triturare le ossa delle prede, e il collo possente, per trattenerle saldamente. Si muoveva su zampe posteriori muscolose e abbastanza lunghe da permettergli una rapida accelerazione nella corsa. Le zampe anteriori erano minuscole e provviste di sole 2 dita.

175. IL PREDATORE PIÙ FAMOSO DEL MONDO

Non fu il carnivoro più grosso, né il più lungo né il più pesante, ma fu certamente **uno dei predatori più temibili**. Tra tutti gli altri carnivori giganti del suo tempo era quello dotato di una vista migliore, di un olfatto eccellente e di un cervello estremamente sviluppato.

176. DENTI MICIDIALI

Aveva **oltre 50 denti** lunghi da 10 a 30 centimetri, enormi, seghettati su entrambi i margini, taglienti e ricurvi all'indietro, con i quali era in grado di dilaniare una preda e, con un unico morso, strapparle più di un quintale di carne.

177. LE PREDE PREFERITE

Uno studio delle ossa ha dimostrato che *Tyrannosaurus* poteva correre alla velocità di 35 chilometri all'ora, ma data la sua mole, non era forse in grado di rincorrere un animale per lungo tempo. È più probabile che lo assalisse all'improvviso, per poi attenderne la morte. Tra le sue vittime vi erano senz'altro i **ceratopsidi**, sulle cui ossa sono stati trovati evidenti segni lasciati dai denti di *Tyrannosaurus*, e gli **adrosauri**.

178. LA FUNZIONE DELLE BRACCIA

C'è chi sostiene che le **piccole braccia di *Tyrannosaurus***, troppo corte anche per portare il cibo alla bocca, potessero servire all'animale quando si coricava, come **aiuto per risollevarsi da terra**. Altri affermano che le utilizzasse durante l'accoppiamento o per trattenere le prede.

Strano, ma vero!

500 CURIOSITÀ STRANEZZE RECORD

Tyrannosaurus

94

179. LA PAROLA AL PALEONTOLOGO: I DENTI DI TYRANNOSAURUS

Per un predatore come *Tyrannosaurus* l'efficienza della dentatura era di fondamentale importanza. Pertanto i denti cominciavano a crescere già nella mascella, pronti a sostituire rapidamente quelli vecchi nel momento della loro caduta, così che non rimanessero buchi. Accanto a ogni dente vecchio, più lungo, ve ne era uno giovane, più corto. Questo creava un'alternanza di denti lunghi e corti utile a bloccare la preda. La forma del dente era diversa a seconda della posizione che occupava nella bocca: sulla punta della mascella superiore vi erano denti molto vicini tra loro, diritti e con una sezione a "D". Gli altri erano maggiormente distanziati tra loro e curvi all'indietro.

180. LA PAROLA AL PALEONTOLOGO: CHE COSA SONO I COPROLITI?

Si tratta di sterco fossilizzato e può fornire notizie importantissime sulla dieta dei dinosauri, perché permette di capire che cosa avesse mangiato l'animale che l'aveva prodotto. Per esempio, in un coprolite di *Tyronnosaurus* sono stati rinvenuti frammenti ossei di *Edmontosaurus*. Grazie a questa informazione, i paleontologi hanno capito che tra le vittime di *Tyrannosaurus* c'erano senz'altro gli **adrosauri**.

Un coprolite è un escremento fossilizzato.

181. ALBERTOSAURUS

Il nome trae origine dal luogo in cui è avvenuto il primo ritrovamento: la provincia di **Alberta**, in Canada. Visse circa 70 milioni di anni fa, alla fine del periodo **Cretaceo**, in Nord America.

182. COM'ERA ALBERTOSAURUS?

Fu un grosso carnivoro, appartenente ai tirannosauridi, molto simile nell'aspetto a *Tyrannosaurus*, ma un po' più piccolo. Raggiungeva la lunghezza di circa 8-9 metri. La testa misurava circa un metro ed era caratterizzata da una **cresta ossea sugli occhi**, forse utile nel corteggiamento. Come tutti i tirannosauri, aveva le braccia corte e solo 2 dita nelle mani. In bocca presentava circa **60 denti**, di forma e dimensione diversa a seconda della posizione che occupavano.

183. CACCIATORI IN BRANCO

Albertosaurus

L'*Albertosaurus* è noto grazie a numerosissimi scheletri fossili. Nel 1996, il paleontologo canadese **Philip Currie** ha scoperto ben 22 esemplari di questa specie fossilizzati tutti insieme. Prima di allora nessun ricercatore immaginava che i **carnivori potessero vivere in branco**. Si pensava che fossero animali solitari. Philip Currie ha ipotizzato che, nel branco, gli individui giovani, più leggeri e veloci nella corsa, avessero il compito di spingere le prede verso gli adulti, più grandi e forti.

STRANO, MA VERO!

184. LA PAROLA AL PALEONTOLOGO: COME CRESCEVANO I DINOSAURI?

Grazie ai numerosi esemplari di *Albertosaurus* che abbiamo a disposizione, è stato possibile studiare il ritmo di crescita di questo animale. L'analisi delle ossa ha permesso di dedurre l'età dei resti: il più giovane *Albertosaurus* noto misurava 2 metri di lunghezza e, al momento della morte, aveva un'età di 2 anni; il più vecchio, lungo 10 metri, doveva invece avere 28 anni d'età.

Inserendo le dimensioni degli esemplari di età intermedia in un grafico, è stato possibile evidenziare come questi dinosauri crescessero continuamente e come lo **sviluppo** fosse **più rapido tra il decimo e il sedicesimo anno di vita** (quando raggiungevano probabilmente la maturità sessuale e la crescita rallentava bruscamente).

DAI CELUROSAURI AI T-REX

Strano, ma vero!

185. STORIE DI PALEONTOLOGIA: TIRANNOSAURI DALLE STRANE TESTE

La famiglia dei tirannosauridi comprende alcune specie singolari, soprattutto per la struttura del cranio. Nei sedimenti del tardo Cretaceo della Mongolia è venuto alla luce *Alioramus*. Il nome, che vuol dire "altro ramo" sta a indicare l'appartenenza a una particolare diramazione del gruppo dei **tirannosauri**.
A differenza di quella degli altri membri della famiglia, la sua testa era infatti bassa e allungata con delle creste ossee tra narici e occhi. I lunghi denti erano molto più numerosi di quelli degli altri tirannosauri, mentre le dimensioni del corpo erano inferiori e probabilmente non oltrepassavano i 6 metri di lunghezza.

Cranio di *Alioramus*

Cranio di *Teratophoneus*

Un altro tirannosauride dall'aspetto singolare è **Teratophoneus**, il "mostruoso assassino" di recentissima scoperta. I suoi resti (un cranio e uno scheletro incompleti) sono stati descritti nel 2011 e sono venuti alla luce in sedimenti nordamericani che risalgono al Cretaceo Superiore. Anche in questo caso è il cranio a destare curiosità: estremamente corto e massiccio.

Dello stesso periodo e luogo sono i fossili di **Daspletosaurus**, che vuol dire "rettile spaventoso". Di certo le sue fauci erano spaventose e ospitavano denti acuminati, lunghissimi e dai bordi seghettati.

DAI CELUROSAURI AI T-REX

Strano, ma vero!

186. STORIE DI PALEONTOLOGIA: LOTTA PER IL PREDOMINIO

Due degli esemplari di *Daspletosaurus* rinvenuti, un giovane e un adulto, mostrano dei **segni di morsi** sul cranio lasciati senza dubbio da denti di altri tirannosauridi. In entrambi i casi gli animali sopravvissero all'attacco, perché le ferite appaiono guarite.

Gli studiosi pensano che i maschi di *Daspletosaurus* potessero combattere tra loro per garantirsi un ruolo di predominio sugli altri membri del gruppo, proprio come accade tra i carnivori attuali che spesso lottano per stabilire la gerarchia all'interno del branco. Tracce simili sono state trovate anche su scheletri di altri dinosauri carnivori, per esempio *Tyrannosaurus* e *Sinraptor*.

Il cranio di *Daspletosaurus* raggiungeva una lunghezza di oltre un metro; i denti erano più grandi, ma meno numerosi di quelli degli altri tirannosauridi; le zampe anteriori più lunghe e robuste. Secondo uno studio del 2011 la coda, oltre a bilanciare l'animale, serviva a renderlo più veloce nella corsa, grazie a potenti muscoli collegati alle cosce.

Il cranio era enorme rispetto al corpo e aveva, attorno alle orbite, delle grosse creste ossee.

Il suo collo era breve e a forma di "S". Come tutti i tirannosauridi, anche questa specie non aveva le labbra (curiosità in comune con i moderni coccodrilli).

Daspletosaurus era diffuso in tutto il Nord America occidentale e in Canada.

Daspletosaurus

DAI CELUROSAURI AI T-REX

187. I MANIRAPTORIFORMI

Comprendono sia gli **ornitomimosauri** sia i **maniraptora**. Tale raggruppamento fu proposto dal paleontologo americano Thomas Holtz con l'idea di accomunare tutti i dinosauri più strettamente legati agli uccelli.

188. ORNITOMIMOSAURI

Il nome significa **dinosauri che "imitano" gli uccelli**. Si distinguono per un notevole adattamento alla corsa e per la tendenza a essere privi di denti.

189. MANIRAPTORA

Tra i *maniraptora* (**"dinosauri che rubano con le mani"**) troviamo animali con adattamenti straordinari, tutti, probabilmente, piumati: i **therizinosauri**, dotati di lunghe braccia con zampe anteriori a 3 dita che terminavano in enormi artigli a falce; gli **alvarezsauri**, molto simili agli uccelli e caratterizzati da braccia corte con un solo dito funzionale; gli **oviraptosauri**, piccoli e agili, probabilmente onnivori; i **dromeosauri**, come il famoso *Velociraptor*, dotati di una lunga coda rigida e di un grosso artiglio a falce sul secondo dito del piede; e infine i **troodonti**, piccoli teropodi dal grande cervello e dalla vista acuta.

Velociraptor

Pelecanimimus

190. PELECANIMIMUS

Il nome significa **"sosia del pellicano"**. I suoi resti provengono dalla Spagna e risalgono al **Cretaceo**, 130 milioni di anni fa.

191. COM'ERA PELECANIMIMUS?

Era un **ornitomimosauro** lungo circa 2 metri. Era bipede, agile, leggero e veloce nella corsa. A differenza degli ornitomimosauri più evoluti e dotati di becco, aveva un muso lungo e stretto con **oltre 200 piccoli denti**. È il teropode col maggior numero di denti conosciuto. Non vi è certezza sulla sua dieta: forse i numerosi denti servivano a tagliare e strappare la vegetazione. Le mani artigliate fanno invece pensare che andasse a caccia di altri animali.

192. TASCA DA PELLICANO

Il fossile di *Pelecanimimus* conserva anche alcune parti di pelle, da cui si è dedotto che aveva una cresta sulla nuca e una **tasca golare**, come i moderni pellicani. Tale tasca, probabilmente, era utile per accumulare il cibo e lascerebbe suppore che *Pelcanimimus* si nutrisse di pesci.

I MANIRAPTORIFORMI

193. GALLIMIMUS

Il suo nome significa **"sosia del gallo"**. Visse nel **Cretaceo**, circa 70 milioni di anni fa, e i suoi fossili sono stati rinvenuti in Mongolia.

194. COM'ERA GALLIMIMUS?

Era lungo 8 metri e alto 2. Aveva il corpo piccolo e le gambe lunghe e slanciate. Il collo allungato e a forma di "S", la testa piccola, gli occhi grandi, le braccia ben sviluppate e dotate di mani a 3 dita. Aveva il **becco** e si nutriva di piante, piccoli animali tra cui insetti e lucertole, forse anche di uova.

195. GROSSO MA LEGGERO

Era di taglia più grande rispetto agli altri ornitomimosauri, ma il suo scheletro era **agile** e **leggero** grazie alla presenza di molte ossa cave.

Gallimimus

196. STRUTHIOMIMUS

Il nome significa **"sosia dello struzzo"**. Visse nel **Cretaceo** in Nord America.

197. COM'ERA STRUTHIOMIMUS?

Era lungo oltre 4 metri. Era un **ornitominide** dallo scheletro agile e leggero, dotato di zampe lunghe e sottili. Era bipede e aveva un corpo tozzo, ma coda e collo lunghi. La testa era piccola e terminava con un becco corneo, sottile e sdentato, utile per catturare insetti e piccoli rettili o per raccogliere semi e vegetali. Possedeva **grandi occhi**. Date le notevoli dimensioni della scatola cranica i paleontologi pensano che fosse uno dei **dinosauri più intelligenti**.

198. VELOCE COME UNO STRUZZO

Struthiomimus doveva essere un corridore eccellente. Dall'analisi del suo scheletro si è scoperto che poteva abbondantemente superare i **50 chilometri orari di velocità**.

Struthiomimus

I MANIRAPTORIFORMI

199. THERIZINOSAURUS

Il suo nome significa **"rettile con artigli a falce"**. Visse nel **Cretaceo Superiore** nei territori che oggi corrispondono alla Mongolia.

200. IL DINOSAURO CHE FU SCAMBIATO PER UNA TARTARUGA

I primi resti vennero alla luce in **Mongolia** nel **1940** e, trattandosi solo di enormi artigli, furono inizialmente attribuiti a una **tartaruga gigante** sconosciuta, a cui i paleontologi diedero il nome di *Therizinosaurus*. Solo in seguito, grazie ad altre scoperte, essi capirono che quegli artigli appartenevano in realtà a un grosso e misterioso dinosauro bipede!

201. COM'ERA THERIZINOSAURUS?

La sua lunghezza è stata stimata tra gli 8 e i 12 metri. Era uno **strano dinosauro bipede**. Aveva testa piccola e collo lungo, la coda corta e un corpo grande. Era dotato di enormi zampe anteriore e di mani a 3 dita. Gli artigli, di dimensione incredibile erano a forma di falce e lunghi ben 70 centimetri! A differenza degli altri teropodi, si nutriva probabilmente di vegetali anziché di carne.

202. ARMATO MA INNOCUO

Nonostante fosse dotato dei più **grandi artigli** conosciuti, si pensa che fosse innocuo. Gli artigli servivano quasi certamente per falciare l'erba, riunire le foglie e i ramoscelli di cui si nutriva o sorreggersi ai rami degli alberi in modo da raggiungere i frutti e le foglie preferite.

203. UN ENIGMA PER I PALEONTOLOGI

Anche se oggi, a seguito di alcuni ritrovamenti di dinosauri affini, è stata fatta maggiore chiarezza sul suo aspetto, *Therizinosaurus* continua a rappresentare un enigma per i paleontologi. Possiede, infatti, caratteri collegabili a più gruppi di dinosauri: il bacino ha somiglianze con quello sia dei **saurischi** sia degli **ornitischi**, il collo e i piedi a 4 dita ricordano i **prosauropodi**, le braccia e le mani i **teropodi** e, come gli ornitischi, *Therizinosaurus* era erbivoro.

Le braccia di questa specie misuravano 2 metri e mezzo!

204. PIUMATO COME BEIPIAOSAURUS

Poiché il fossile di un altro parente stretto, il ***Beipiaosaurus***, presentava filamenti simili a penne sul capo, sul dorso e sulla coda, si suppone che anche *Therizinosaurus* fosse dotato di piume.

Therizinosaurus

I MANIRAPTORIFORMI

205. MONONYKUS

Il suo nome significa **"unico artiglio"**. Visse nel **Cretaceo Superiore** in Mongolia.

206. COM'ERA MONONYKUS?

Era un **alvarezsauride** delle **dimensioni di un tacchino** che camminava con andatura bipede. Aveva uno scheletro leggero, si muoveva con agilità e si bilanciava nei movimenti usando la lunga coda. Aveva il cranio piccolo, munito di dentini acuminati utili per nutrirsi di insetti e altri piccoli animali. Gli occhi grandi, probabilmente, gli consentivano di cacciare anche di notte. La sua caratteristica più strana erano le **braccia**, **cortissime** e dotate di un grande dito artigliato e altre 2 dita così piccole da risultare quasi invisibili.

207. DITA NASCOSTE

Quando i primi reperti di *Mononykus* vennero alla luce, gli studiosi pensarono che questo dinosauro avesse un solo dito sviluppato. Ecco perché lo chiamarono "unico artiglio". Solo successivamente, grazie ad altre scoperte, notarono le **2 dita ridottissime**.

Mononykus

208. LA FUNZIONE DELLE BRACCIA

La funzione delle particolari braccia di *Mononykus* è ancora un mistero. Alcuni studiosi hanno ipotizzato che servissero a bucare i termitai.

209. UN DIBATTITO APERTO

La sua scoperta risvegliò negli studiosi il dibattito sulla **discendenza degli uccelli dai dinosauri**. Malgrado non possedesse ali, i caratteri che accomunano *Mononykus* a un uccello sono tanti: per esempio le ossa del polso fuse tra loro e la presenza di uno sterno carenato nel petto.

210. LA FUNZIONE DELLO STERNO

Lo sterno è un osso di forma appiattita che, collegandosi anteriormente alle costole, chiude la gabbia toracica. Negli uccelli, così come in *Mononykus*, è **carenato** per offrire una buona superficie di attacco ai potenti **muscoli del volo**.

Questa specie si nutriva di piccoli mammiferi, insetti, lucertole e forse anche piante.

I MANIRAPTORIFORMI

STRANO, MA VERO!

211. STORIE DI PALEONTOLOGIA: LINHENYKUS E LO STRANO GRUPPO DEGLI ALVAREZSAURIDI

Tra i dinosauri più bizzarri vi sono senza dubbio quelli appartenenti alla famiglia degli *alvarezsauridi*, talmente simili agli uccelli che, in passato, furono classificati come uccelli non volatori. Oggi sappiamo che erano invece dei *maniraptora primitivi* e che vissero dal termine del Giurassico alla fine del Cretaceo.

Il nome "Linhenykus Monodactylus" significa "artiglio di Linhe con un solo dito". L'unico dinosauro finora noto con la zampa costituita unicamente da un dito.

Linhenykus

Erano di piccole dimensioni, caratterizzati da un cranio allungato e piccoli dentini affilati, zampe posteriori molto lunghe e magre, coda allungata e sottile. È probabile che fossero piumati dato che su un esemplare del genere *Shuvuuia* vi sono evidenti tracce di penne.

Tutti gli alvarezsauridi avevano arti anteriori corti con un dito molto sviluppato e gli altri due ridottissimi. Un solo esemplare, *Linhenykus*, nell'evoluzione aveva perso completamente le 2 dita piccole. Questa creatura è l'unica, anche tra i teropodi, a possedere un dito solo, caratteristica che rappresenta l'ultima fase del processo evolutivo dei teropodi volto alla riduzione del numero delle dita nella mano.

L'aspetto più curioso è che *Linhenykus* non fu un alvarezsauride evoluto. Alcuni suoi caratteri lasciano intendere che fosse **una specie primitiva del gruppo**.

Questo dimostra come l'evoluzione sia tutt'altro che un processo semplice e lineare: essa avviene tramite un susseguirsi di modifiche che portano a più ramificazioni, spesso secondo schemi estremamente complessi e difficili da interpretare.

> Il suo femore era lungo appena 7 cm, e questo fa pensare che questo esemplare non fosse più lungo di 50 cm.

I MANIRAPTORIFORMI

212. CAUDIPTERYX

Visse in Cina all'inizio del periodo **Cretaceo**, circa 125 milioni di anni fa. Fu scoperto nel 1998 nella regione cinese del Liaoning. Il suo nome significa **"coda piumata"**.

213. COM'ERA CAUDIPTERYX?

Era un piccolo **oviraptosauro** che somigliava più a un uccello che a un dinosauro. Misurava 70 centimetri di lunghezza. Aveva il cranio corto, munito di pochi denti conici. La presenza di **gastroliti nello stomaco** testimonia che **era erbivoro** o, tutt'al più, onnivoro. Dalle lunghe gambe si deduce che fosse un corridore veloce. Sulle braccia aveva **penne lunghe** circa 20 centimetri e disposte a formare una sorta di ala. Il resto del corpo era ricoperto di un fitto strato di piume corte. Dalla struttura dello scheletro si pensa che **non potesse volare**. Dunque le piume, molto simili a quelle degli uccelli attuali, erano utili per tenere costante la temperatura corporea dell'animale e per proteggerlo da vento e pioggia.

Caudipteryx

214. UNA CODA PIUMATA

Sulla parte terminale della coda era presente un **ventaglio di una dozzina di penne**. Queste piume vistose dovevano servire più che altro per mettersi in mostra o per stabilizzarsi nei rapidi cambiamenti di direzione durante la corsa.

215. OVIRAPTOR

Visse nel **Cretaceo Superiore**. I suoi resti sono stati ritrovati in **Mongolia**. Il suo nome significa **"ladro di uova"**.

216. COM'ERA OVIRAPTOR?

Era lungo circa 2 metri, si muoveva in postura bipede. Aveva il cranio corto e un grosso becco privo di denti. Le sue mani terminavano con 3 dita fornite di lunghi artigli, ricurvi e taglienti. Non è ben chiaro di cosa si nutrisse. Il suo **becco, simile a quello dei pappagalli e delle tartarughe**, suggerisce una dieta prevalentemente erbivora.

Oviraptor

217. UN NOME INGIUSTO

Il primo *Oviraptor*, venne alla luce nel 1924 e, poiché lo si trovò vicino a delle uova verosimilmente di *Protoceratops*, fu battezzato "ladro di uova". Quando, nel 1990, fu disseppellito il fossile di un altro **oviraptoride** accovacciato sul proprio nido e si scoprì che l'embrione contenuto in una delle uova era della stessa specie, si capì l'errore: **gli oviraptoridi non si nutrivano di uova, ma covavano le proprie** amorevolmente!

I MANIRAPTORIFORMI

218. CITIPATI

Visse alla fine del periodo **Cretaceo** in Mongolia. I citipati sono **figure religiose buddiste** rappresentate come due scheletri che danzano nel fuoco. I paleontologi scelsero questo nome ispirati dalla perfetta conservazione dei suoi scheletri.

219. COM'ERA CITIPATI?

Appartiene al gruppo degli **oviraptoridi**. Misurava 3 metri di lunghezza, si muoveva in postura bipede e aveva il collo allungato e la coda piuttosto tozza. Il corto cranio, alleggerito da grandi finestre, terminava con un **grosso becco** e in cima aveva una **cresta alta**, simile a quella di un **casuario** (uccello simile allo struzzo). Come *Oviraptor*, doveva essere prevalentemente erbivoro.

220. MADRI AMOREVOLI

Alcuni esemplari sono conservati in posizione di cova sui propri nidi. Tra questi, il più celebre è noto con il soprannome di **"Big Mamma"**: si tratta di un grosso *Citipati* accovacciato su numerose uova, lunghe ben 18 centimetri, con le zampe allargate ad abbracciarle. Questo comportamento testimonia uno stretto legame tra i dinosauri del gruppo dei **maniraptora** e gli **uccelli**.

Microraptor

221. MICRORAPTOR

Il suo nome significa **"il minuscolo rapace"**. Visse nel **Cretaceo Inferiore**, 120 milioni di anni fa, in Cina.

222. COM'ERA MICRORAPTOR?

Era un **dromeosauride**. Le sue dimensioni, comprese tra i 77 e i 90 centimetri, ne fanno **uno dei più piccoli** dinosauri conosciuti. Aveva un artiglio a falce sul secondo dito del piede e i numerosi dentini acuminati da carnivoro. Lunghe penne e un fitto strato di piume gli ricoprivano il corpo. Sulla coda, le penne erano disposte a formare un ventaglio mentre, sui 4 arti, creavano vere e proprie superfici alari. Era probabilmente carnivoro.

223. ALI PER PLANARE

La struttura dello **sterno** e del **cinto pettorale** e la presenza di penne di tipo asimmetrico (tipiche dei moderni uccelli volatori) sulle ali lasciano supporre che potesse volare. La conformazione della **spalla**, però, non era tale da permettergli di spiccare il volo da terra. Gli esperti dunque sostengono che le 4 ali consentissero a *Microraptor* un **volo di tipo rudimentale**. Probabilmente viveva sugli alberi e le sfruttava per planare di ramo in ramo.

I MANIRAPTORIFORMI

224. VELOCIRAPTOR

Il suo nome significa **"ladro veloce"**. I suoi resti sono stati rinvenuti in Mongolia e in Cina e sono stati datati al **Cretaceo Superiore**.

225. COM'ERA VELOCIRAPTOR?

Apparteneva alla famiglia dei **dromeosauri**. Era alto un metro e lungo meno di 2. La testa, allungata e dal muso appiattito, era armata di denti taglienti e ricurvi. Le zampe agili e la lunga coda gli consentivano di compiere **balzi notevoli**. Le zampe anteriori dotate di **3 dita artigliate** e la possibilità di ruotare i polsi, gli permettevano di aggrapparsi alle prede, mentre quelle posteriori sferravano calci e gli artigli a falce squarciavano il corpo della vittima.

226. PICCOLO GRANDE PREDATORE

Non aveva dimensioni notevoli, ma era dotato di grande agilità e di un **cervello piuttosto sviluppato**. Queste doti, insieme alle altre caratteristiche fisiche, ne facevano un grande predatore. Cacciava probabilmente lucertole, piccoli mammiferi, cuccioli di dinosauro e predava le uova di altri animali. Forse, all'occorrenza, **si riuniva in branco** per catturare anche prede di maggiori dimensioni.

227. NATURALMENTE ARMATO

La sua arma principale era il **micidiale artiglio** a forma di falce che portava sul secondo dito del piede. Affilato e ricurvo, restava sollevato durante la camminata e la corsa; quando, però, il dinosauro sferrava un calcio e distendeva la zampa, l'artiglio scattava verso il basso **come un coltello a serramanico!**

228. SCHELETRI IN LOTTA

Sono stati rinvenuti numerosi scheletri di *Velociraptor*. Uno, in particolare, è davvero eccezionale per conservazione: si tratta di un esemplare morto durante lo scontro con un **Protoceratops**. I due dinosauri sono stati trovati insieme, **in posizione di lotta**, e probabilmente morirono a causa di un'improvvisa tempesta di sabbia o sepolti per aver provocato il crollo di una duna.

Il *Protoceratops* era un esemplare che aveva lunghe setole sulla coda e un becco da pappagallo.

229. UNA STAR DEL CINEMA

La fama di *Velociraptor* è cresciuta a dismisura in seguito alla pubblicazione del romanzo **Jurassic Park** di **Michael Crichton** (1990) e, soprattutto, all'adattamento cinematografico diretto da **Steven Spielberg** (1993).

Velociraptor

I MANIRAPTORIFORMI

230. DEINONYCHUS

Il suo nome significa **"terribile artiglio"**. Visse in Nord America nel **Cretaceo Inferiore**.

231. COM'ERA DEINONYCHUS?

Era alto un metro e lungo 3. Aveva denti acuminati, zampe lunghe e una coda rigida per controbilanciare il peso corporeo. Come *Velociraptor* era dotato di **terribili artigli a falce** sulle zampe posteriori. Aveva braccia lunghe e artigliate ed era in grado di ruotare i polsi. I **dromeosauri** come *Deinonychus* erano capaci di coordinarsi tra loro per cacciare in branco anche grosse prede.

232. UN BALZO IN AVANTI NELLA RICERCA

Deinonychus è un dinosauro molto importante per la scienza poiché la sua scoperta, avvenuta nel 1969 da parte del paleontologo americano **John Ostrom**, ha contribuito in modo determinante alla formulazione della **"teoria dei dinosauri a sangue caldo"**. Un grande balzo in avanti per la ricerca scientifica nell'ambito della paleontologia.

Strano, ma vero!

Deinonychus

233. LA PAROLA AL PALEONTOLOGO: CHE COS'È LA TEORIA DEI DINOSAURI A SANGUE CALDO?

Inizialmente i paleontologi erano convinti che i dinosauri fossero animali simili ai rettili, goffi e lenti e che, essendo a sangue freddo, dovessero esporsi al sole per innalzare la propria temperatura corporea prima di raggiungere un certo grado di attività. Successivi sviluppi misero in dubbio questa teoria.

Si scoprì, per esempio, la presenza, nelle ossa dei dinosauri, di **vasi sanguigni** come quelli degli animali a sangue caldo. Vennero poi alla luce dinosauri anche in zone fredde del pianeta. Si riscontrò infine una notevole **velocità di crescita degli embrioni,** inverosimile per un animale a sangue freddo.

Nel 1969, John Ostrom, studiando il *Deinonychus*, si rese conto di avere di fronte i resti di una creatura attiva, agile, veloce, dotata di una struttura anatomica incompatibile con quella degli animali a sangue freddo. Propose allora al mondo scientifico la sua **"teoria dei dinosauri a sangue caldo"**. E quando vennero alla luce i dinosauri piumati, i dubbi scomparvero quasi del tutto: le piume sono un forte indizio della necessità di isolare il corpo dalla temperatura esterna.

Oggi la maggior parte degli studiosi è convinta che i dinosauri fossero animali a sangue caldo, in grado cioè di regolare la propria temperatura corporea con metodi biologici interni.

I MANIRAPTORIFORMI

Anchiornis

234. ANCHIORNIS

Il nome significa **"prossimo agli uccelli"**. Visse in Cina nel **Giurassico Superiore**, circa 160 milioni di anni fa.

235. COM'ERA ANCHIORNIS?

Fu un piccolo dinosauro piumato.
Era lungo poco più di 30 centimetri.
Si tratta del più antico **troodontide** conosciuto e, come gli altri animali di questo gruppo, aveva lunghe zampe da corridore. Quelle anteriori, allungate, erano invece più simili a quelle dei dromeosauridi e dei primi uccelli. I suoi fossili mostrano la presenza di lunghe penne che formavano grandi ali. È probabile che potesse **planare o**, **addirittura**, **volare**!

> I trodoontidi sono una famiglia di dinosauri molto simili agli uccelli.

236. IL PRIMO DINOSAURO A COLORI!

Anchiornis è il primo dinosauro di cui si conosce il colore! Nel 2010, un team di studiosi anglo-cinese è riuscito a identificare nelle penne fossilizzate i suoi **melanosomi**, ovvero gli **organuli cellulari responsabili del colore**. La loro analisi ha permesso di decodificarne la colorazione: *Anchiornis* aveva la **cresta rossiccia**, il **corpo grigio scuro** e le **ali bianche e nere**.

237. TROODON

Il nome significa **"il dente che ferisce"**. *Troodon* visse alla fine del **Cretaceo** in Nord America.

238. COM'ERA TROODON?

Era un animale agile, lungo un paio di metri, con arti lunghi e coda rigida e sottile. Sul secondo dito del piede, come i *dromeosauridi*, aveva un artiglio a falce. Le braccia terminavano con mani a 3 dita, i polsi potevano ruotare e forse il primo dito della mano era opponibile. Fu **uno dei dinosauri più intelligenti**. Aveva una scatola cranica di grandi dimensioni: si ritiene perciò che il cervello fosse ben sviluppato, e che gli garantisse vista e olfatto eccellenti. È probabile che si nutrisse soprattutto di lucertole e piccoli mammiferi.

239. UOVA FOSSILIZZATE

Sono state rinvenute numerose uova di *Troodon*. Erano di forma allungata, venivano **deposte a coppie**, probabilmente a distanza di uno o due giorni, fino ad arrivare a un numero compreso **tra 16 e 24 uova**. Nei nidi sono stati trovati i resti di piccoli appena nati a testimoniare che, dopo la cova, gli adulti **accudivano la prole**.

Troodon

I MANIRAPTORIFORMI

240. L'ORIGINE DEGLI UCCELLI

Il gruppo degli aviani comprende gli uccelli e solo i dinosauri a loro strettamente imparentati. Oggi, la maggior parte degli studiosi sostiene che gli uccelli sono un gruppo di **dinosauri teropodi** evolutisi nel corso dell'Era Mesozoica. Le origini dei **dinosauri aviani** vanno cercate tra i celurosauri e, tra questi, all'interno del gruppo dei *maniraptora*.

241. L'EVOLUZIONE DEL VOLO

Anche l'evoluzione del volo è una questione molto dibattuta. Pare che alcuni dinosauri sapessero volare. Lo testimonierebbero i resti fossili di *Cryptovolans*, un piccolo **dromeosauride** cinese del **Cretaceo Inferiore** dotato di penne.
In tutto il processo fu certamente di basilare importanza la libertà di movimento degli arti anteriori tipica dei teropodi, che camminavano in postura bipede.
Gli arti dei *celurosauri* si specializzarono molto a livello dell'articolazione del polso e delle spalle, consentendo tutti quei movimenti che porteranno poi al volo.

Ichthyornis

242. I PRIMI UCCELLI

I primi veri uccelli comparvero nel **Cretaceo**. Solo alla fine di questo periodo sono infatti evidenti negli esemplari tutte le caratteristiche proprie dei **neorniti**, gli uccelli moderni. *Ichthyornis* e *Hesperornis* rappresentano interessanti esperimenti privi di discendenza.

243. ICHTHYORNIS

Il suo nome significa **"uccello pesce"**. Visse in Nord America alla fine del **Cretaceo**. Era lungo circa 20 centimetri e viveva come gli attuali gabbiani: ottimo volatore, si tuffava nel mare a caccia di pesci. **Fu il primo uccello con i denti** a essere scoperto. L'importanza di questa caratteristica fu evidenziata da Charles Darwin a supporto delle sue teorie sull'evoluzione.

244. HESPERORNIS

Il suo nome significa **"uccello dell'Ovest"**. Visse nel **Cretaceo Superiore** in Asia e Nord America. Era un uccello primitivo, con becco munito di denti, ma **molto ben adattato alla vita acquatica**. È probabile che tra le dita dei piedi avesse delle membrane, per nuotare più rapidamente. Le ali erano invece ridottissime e inutili al volo. È tra i pochi uccelli conosciuti nell'Era Mesozoica. Come *Ichthyornis* aveva caratteristiche molto vicine agli uccelli moderni, ma non ha lasciato discendenze.

Hesperornis

GLI AVIANI

245. ARCHAEOPTERYX

Il suo nome significa **"antica ala"**. I suoi resti provengono dal sud della Germania. È vissuto nel **Giurassico Superiore**, circa 150 milioni di anni fa.

246. COM'ERA ARCHAEOPTERYX?

Archaeopteryx aveva le dimensioni di un corvo e grandi ali per volare. Come gli uccelli, aveva gli alluci rivolti posteriormente, per appollaiarsi sui rami, e il corpo coperto di penne. Che fosse primitivo lo si deduce da alcuni caratteri che aveva ancora in comune con i dinosauri del gruppo dei **maniraptora**, per esempio i **denti affilati**, **le 3 dita artigliate** e **la lunga coda rigida**. I suoi resti rappresentano la testimonianza fossile del più antico uccello noto.

247. PENNE PER VOLARE

È certo che *Archaeopteryx* volasse perché i suoi resti fossili presentano chiare tracce di **penne asimmetriche**, tipiche degli uccelli volatori. Non è ben chiaro però se potesse attuare il **volo battuto** o se fosse più che altro un planatore.

248. UN ANELLO DI CONGIUNZIONE

Mostrando caratteri in comune sia con gli **uccelli** sia con i **dinosauri**, *Archaeopteryx* è considerato un importante anello di congiunzione tra questi due gruppi di animali e fornisce una prova diretta **dell'origine degli uccelli dai dinosauri**.

249. UN AIUTO PER CHARLES DARWIN

La scoperta del primo esemplare di *Archaeopteryx*, nel 1861 in Germania, cadde nel momento più opportuno: proprio in quegli anni la **teoria della selezione naturale** di **Charles Darwin** faceva discutere il mondo scientifico, che ben presto si separò in **evoluzionisti** e **non evoluzionisti**. Il fossile di *Archaeopteryx* si inserì in questa discussione con un grande impatto a sostegno della teoria del naturalista inglese.

250. IN CHE AMBIENTE VIVEVA ARCHAEOPTERIX?

Visse in un ambiente **lagunare tropicale**, ricco di basse isolette e scogliere, dal clima caldo e asciutto, caratterizzato da conifere e cicadacee e popolato da **insetti**, lucertole, ma anche piccoli dinosauri come *Compsognathus* e pterosauri del genere **Rhamphorhynchus** e **Pterodactylus**.

Archaeopteryx

GLI AVIANI

STRANO, MA VERO!

251. LA PAROLA AL PALEONTOLOGO: CHE COS'È IL VOLO BATTUTO?

Si parla di volo battuto, o **volo attivo**, quando ci si solleva da terra con il solo battito d'ali e ci si muove nell'aria autonomamente.

Vi sono **diverse teorie** sull'origine di questa forma di volo. Una afferma che, nel tempo, il piumaggio divenne un aiuto per inseguire a balzi gli insetti: ali e coda, ampliati dalle penne, permettevano salti sempre più lunghi e, a un certo punto, questi balzi divennero volo.

Un'altra ipotesi sostiene che il volo derivò dall'attività di dinosauri piumati arboricoli, che si lanciavano dai rami degli alberi e planavano fino a terra.

Forse la teoria più esatta è una via di mezzo tra queste: i predecessori degli uccelli impararono a volare un po' correndo e balzando, un po' planando dagli alberi e un po' saltando da un ramo all'altro. Mentre questo accadeva, i loro corpi divennero sempre più piccoli e leggeri, i muscoli pettorali sempre più forti, le penne aerodinamiche e, a un certo punto, i movimenti delle zampe piumate si trasformarono in battiti di ali nell'aria.

252. LA PAROLA AL PALEONTOLOGO: DINOSAURI AVIANI E NON AVIANI

Il ritmo incessante delle nuove scoperte paleontologiche porta a continue variazioni nella classificazione delle specie. Per quanto riguarda la classificazione dei dinosauri e degli uccelli oggi si tende ad accomunarli usando il termine "dinosauri" e a distinguerli in "dinosauri non aviani" e "dinosauri aviani".

Apparterrebbero ai *"dinosauri aviani"* i teropodi del gruppo dei maniraptora e gli uccelli, mentre per tutti gli altri dinosauri si parla di *"dinosauri non aviani"*. Il gruppo dei *Paraves* include invece dromeosauridi, troodontidi e uccelli. Quando si parla degli aviani si intendono tutti gli uccelli e solo i dinosauri a loro più strettamente imparentati. Gli *Aves*, infine sono solo gli uccelli.

GLI AVIANI

253. CONFUCIUSORNIS

Visse nel **Cretaceo Inferiore**, circa 125 milioni di anni fa, in **Cina**, e il suo nome significa **"l'uccello di Confucio"**, in onore dell'importante filosofo cinese.

254. COM'ERA CONFUCIUSORNIS?

Aveva più o meno le dimensioni di un piccione. Era **più evoluto di Archaeopteryx**: la sua coda appare infatti corta, con le ultime vertebre fuse in una struttura ossea unica chiamata **pigostilo**, tipica degli uccelli moderni. Che fosse comunque un **uccello primitivo** è dimostrato dalla presenza di 3 dita artigliate sulle ali. I grandi artigli sulle zampe posteriori gli consentivano di arrampicarsi sugli alberi e appollaiarsi sui rami. La robusta struttura del cinto scapolare farebbe pensare che avesse dei **muscoli pettorali abbastanza forti**. Tuttavia le sue penne erano sottili e, dallo scheletro della spalla, si deduce che non potesse sollevare le ali al di sopra del corpo: non doveva quindi essere un grande volatore.

Confuciusornis

255. CIUFFO E PIUME ORNAMENTALI

È probabile che avesse un ciuffo di piume sulla testa e lunghissime penne sulla coda. Si pensa che questi caratteri fossero tipici solo dei maschi e che servissero come **richiamo sessuale** per le femmine.

STRANO, MA VERO!

256. STORIE DI PALEONTOLOGIA: JEHOLORNIS

È un uccello che visse circa 120 milioni di anni fa, nel **Cretaceo Inferiore**. Il suo nome significa **"uccello di Jehol"**, la località cinese in cui è venuto alla luce. Dopo *Archaeopteryx* è l'uccello più primitivo noto e, con i suoi 80 centimetri di lunghezza, è anche **uno dei più grandi del Cretaceo**. Somigliava ad *Archaeopteryx* tranne che per alcuni caratteri: aveva le dita delle mani più corte e le mascelle, tozze e robuste, erano munite solo di 3 piccoli denti in basso. Altri caratteri che lo differenziano da *Archaeopteryx* e lo accomunano ai **dromeosauridi** sono la coda e l'artiglio a falce sul secondo dito del piede. Doveva essere un ottimo volatore: aveva infatti penne asimmetriche e usava la coda, che terminava con un ventaglio di piume, come timone.

Si ipotizza che questo esemplare mangiasse semi, a causa della sua particolare dentatura.

Jeholornis

GLI AVIANI

Strano, ma vero!

257. LA PAROLA AL PALEONTOLOGO: ORIGINE, STRUTTURA E FUNZIONE DELLE PENNE

Dai reperti fossili gli studiosi hanno ipotizzato come, a partire dai rettili, le squame si siano trasformate in penne. Anche se non sembra, **le squame e le penne sono molto simili** tra loro. Entrambe sono costituite da cheratina e nascono da papille dermiche simili.

Le penne sembrerebbero squame più evolute. Si pensa che la loro origine sia questa: una squama assunse dapprima la forma di un tubicino lungo e sottile, a cui, in seguito, si aggiunsero dei filamenti laterali, che poi divennero sempre più fitti e complessi fino a ottenere la struttura di una penna vera e propria. Le penne più evolute sono quelle asimmetriche e aerodinamiche, che permettono grande abilità nel volo.

La teoria che le penne siano un'evoluzione delle squame è accettata da molti scienziati. Oggi, tuttavia, alcuni studiosi ritengono che si tratti di strutture nuove, non legate alle squame, formatesi da differenti ispessimenti della pelle.

Al di là della loro origine, quello che è certo è che **le penne non sono nate per il volo**. Inizialmente furono impiegate per isolare termicamente il corpo dall'ambiente esterno e come ornamento, in particolare nei maschi per attirare l'attenzione delle femmine.

Le penne sarebbero diventate essenziali per il volo solo successivamente. Un evento del genere in biologia è chiamato **"exattamento"**, ossia lo sfruttamento di un carattere già esistente per una funzione completamente nuova.

Evoluzione delle penne

1 Nasce un filamento cavo.

2 Il filamento si divide in barbe.

3 Alcune barbe si uniscono e formano un tubicino rigido, detto rachide.

4 Sulle barbe si sviluppano delle barbule.

5 In cima alle barbule si formano gli amuli che, agganciandosi, creano il vessillo della penna.

6 Le penne divengono asimmetriche per consentire il volo.

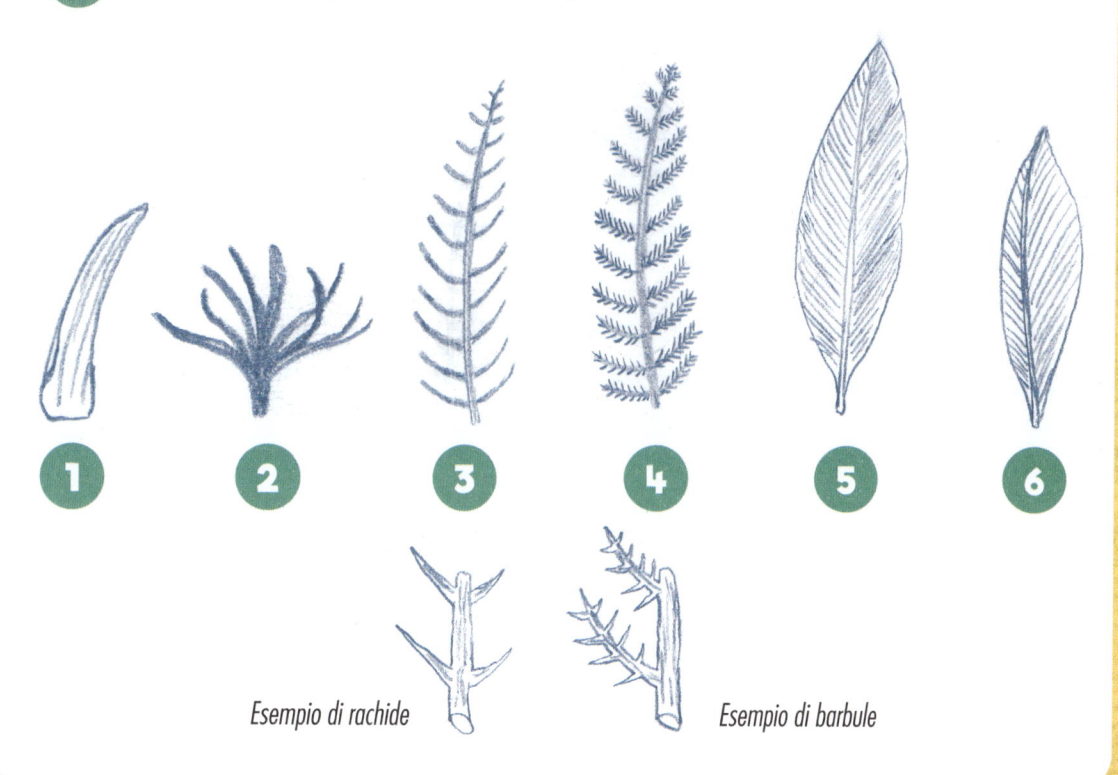

Esempio di rachide

Esempio di barbule

258. SAUROPODOMORPHA

Il nome fu coniato da **Friedrich von Huene** nel 1932 e significa **"piedi a forma di lucertola"**. I primi sauropodomorfi comparvero al tempo della Pangea e si distribuirono ovunque. Le loro dimensioni aumentarono sempre più nel corso dell'evoluzione, caratteri anatomici distintivi del gruppo rimasero quasi invariati: cranio piccolo, collo lungo, denti a forma di piolo o foglia con margini seghettati, un forte artiglio sul primo dito delle zampe anteriori e coda lunghissima. Quasi tutti erano in grado di assumere anche la postura bipede.

259. PROSAUROPODI E SAUROPODI

Il gruppo è stato poi suddiviso in due sottogruppi: i **prosauropodi**, noti nei sedimenti del **Triassico Superiore** e del **Giurassico Inferiore**, e i **sauropodi**, vissuti fino al tardo **Cretaceo**. Inizialmente si credeva che i sauropodi discendessero dai prosauropodi. Oggi invece molti paleontologi sono convinti che i due gruppi siano **rami paralleli originatisi da un antenato comune**. I prosauropodi non raggiunsero mai le enormi dimensioni dei sauropodi. Terminato il Giurassico Inferiore, scomparvero e diedero modo ai sauropodi di diversificarsi in numerosi generi e specie a partire dalla famiglia dei vulcanodontidi.

260. I PLATEOSAURIDI

Plateosaurus e *Unaysaurus* sono gli unici due generi di dinosauri appartenenti a questa famiglia. Vissero nel **Triassico Superiore**, circa 220 milioni di anni fa, e sono tra i più antichi dinosauri noti. Sono anche tra i rappresentanti più primitivi del grande gruppo dei sauropodomorfi. I resti di *Plateosaurus* sono comuni in Europa. *Unaysaurus* arriva invece dalla regione del Brasile. La loro stretta parentela, malgrado la grande distanza geografica tra i resti fossili, si spiega considerando che nel Triassico Superiore il Sud America e l'Europa erano ancora parte della Pangea, l'unico supercontinente esistente a quel tempo.

Erano entrambi erbivori, ma **Unaysaurus** era più piccolo, come la maggior parte dei dinosauri primitivi: misurava infatti 2 metri e mezzo di lunghezza contro i 10 a cui poteva arrivare **Plateosaurus**.

261. ERBIVORI... O VEGETARIANI?

Il termine "erbivoro" per indicare la dieta di un dinosauro non è corretto, anche se di uso comune. Considerato che **l'erba comparve alla fine del Cretaceo**, sarebbe più appropriato parlare di dinosauri vegetariani!

Plateosaurus

Sono stati rinvenuti numerosi scheletri di *Plateosaurus* tutti insieme: un vero e proprio cimitero che lascia supporre che questi esemplari vivessero in mandrie.

I PRIMI SAUROPODOMORFI

262. MASSOSPONDYLUS

Il nome, che vuol dire **"lunghe vertebre"**, si riferisce alle caratteristiche ossa del collo. Visse tra **Triassico Superiore** e **Giurassico Inferiore**.

263. COM'ERA MASSOSPONDYLUS?

Poteva raggiungere 6 metri di lunghezza e un metro e mezzo di altezza. La **lunghissima coda** misurava 2 metri e mezzo. Dalla struttura degli arti si deduce che camminasse prevalentemente in postura quadrupede.
Le zampe terminavano con 5 dita e i pollici erano dotati di una grossa unghia affilata, impiegata per l'alimentazione e per la difesa. **Il cranio era piccolo** e i denti testimoniano una dieta a base per lo più di vegetali.

Massospondylus

264. EMBRIONI FOSSILI

Di *Massospondylus* sono note alcune uova contenenti embrioni: i più antichi finora noti, datati 190 milioni di anni fa. Si tratta di **piccoli esemplari lunghi una quindicina di centimetri**, con la testa e gli occhi molto grandi rispetto al corpo e senza denti. Questi caratteri, tipici dei vertebrati cuccioli, farebbero presupporre la necessità di cure da parte dei genitori nelle fasi iniziali, successive alla nascita.

265. MUSSAURUS

Il nome *Mussaurus* significa **"rettile topo"**. *Mussaurus* visse circa 215 milioni di anni fa. I suoi resti sono stati trovati in Argentina.

266. COM'ERA MUSSAURUS?

Mussaurus è noto solo grazie a scheletri di giovani esemplari e ad alcune uova. Si è stimato che da adulto avrebbe raggiunto una lunghezza compresa tra 3 e 5 metri e che avrebbero posseduto i caratteri comuni a tutti gli altri **prosauropodi**: testa piccola, collo e coda lunghi, torace ampio e la possibilità di muoversi sia in postura quadrupede che bipede.

267. PICCOLO COME UN TOPOLINO?

Gli scheletri di *Mussaurus*, rinvenuti nel 1970, misuravano 20 o 30 centimetri, compresa però la lunga coda; le uova solamente 2 centimetri e mezzo. Al momento della scoperta, gli studiosi non avevano capito che si trattasse di **cuccioli** e pensarono di aver portato alla luce dinosauri di piccolissima taglia. Ecco perché lo chiamarono **"rettile topo"**.

Mussaurus

I PRIMI SAUROPODOMORFI

STRANO, MA VERO!

268. STORIE DI PALEONTOLOGIA: RIOJASAURUS: IL PRIMO GIGANTE

Riojasaurus proviene dall'Argentina, dove visse alla fine del periodo **Triassico**, 210 milioni di anni fa. Le sue dimensioni, intorno a 10 metri di lunghezza, e il suo peso che poteva raggiungere circa 5 tonnellate, ne fanno il primo dinosauro davvero di enormi dimensioni.

- Denti appiattiti, per masticare foglie dagli alberi.
- Collo lungo e massiccio.

Riojasaurus

I paleontologi hanno ritrovato diverse ossa di almeno una ventina di esemplari. Questo ha permesso di studiarne bene le caratteristiche. Sicuramente il suo lungo collo gli permetteva di raggiungere le foglie degli alberi anche ad altezze elevate.

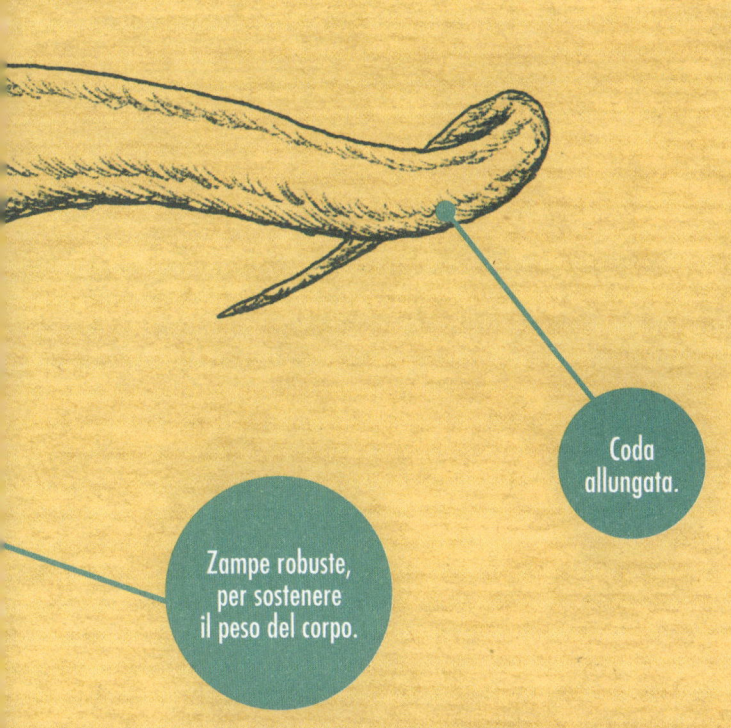

Grazie al collo e alla coda, entrambi allungati, al ventre voluminoso e ai 4 arti colonnari può essere paragonato nell'aspetto ai giganteschi **sauropodi giurassici**.

Lo scheletro di *Riojasaurus* presenta caratteristiche anatomiche particolari che consentivano all'animale di muoversi agevolmente nonostante la mole: 4 zampe massicce, con gli arti anteriori lunghi più o meno quanto i posteriori e funzionali a un'andatura esclusivamente quadrupede; e la presenza di cavità nelle vertebre per diminuirne il peso.

Si tratta di adattamenti simili a quelli dei sauropodi che, seppur sviluppatisi in modo diverso, hanno portato a un aspetto comune. È ormai provato, però, che *Riojasaurus* **non è un antenato diretto dei sauropodi**: i paleontologi ritengono che i prosauropodi e i sauropodi siano legati da un precedente antenato ancora sconosciuto, da cui i due gruppi si sarebbero evoluti su rami ben distinti. *Riojasaurus* si estinse senza lasciare discendenti.

Coda allungata.

Zampe robuste, per sostenere il peso del corpo.

I PRIMI SAUROPODOMORFI

269. ANCHISAURUS

Il suo nome significa **"vicino alle lucertole"**. Visse all'inizio del **Giurassico**, circa 200 milioni di anni fa. I suoi fossili, provenienti dal Nord America, dalla Cina e dall'Africa, sono un'ulteriore conferma di come, all'epoca, i continenti fossero uniti in un'unica grande massa di terra.

270. COM'ERA ANCHISAURUS?

Era un importante **sauropodomorfo primitivo**, ma malgrado la stretta parentela con i grossi sauropodi, questo dinosauro raggiungeva al massimo una lunghezza di 2 metri.

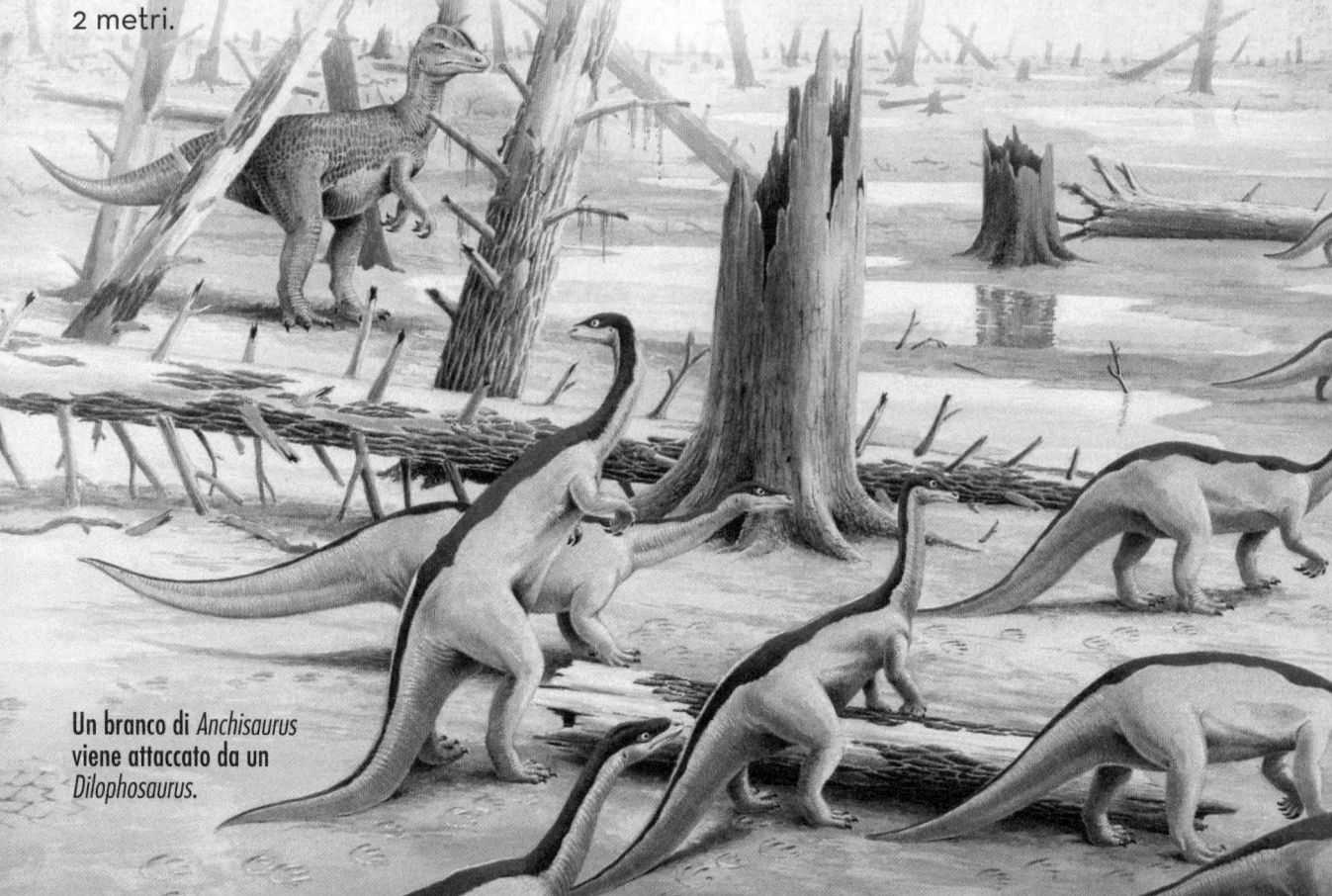

Un branco di *Anchisaurus* **viene attaccato da un** *Dilophosaurus*.

Aveva testa piccola con denti utili a strappare foglie e triturare vegetali, collo e coda lunghi, un ampio addome e arti forti con grandi unghie sui pollici. È probabile che *Anchisaurus* potesse assumere anche la postura bipede.

271. UN'ANTICA SCOPERTA

Anchisaurus è forse il primo dinosauro venuto alla luce in **Nord America**. Fu descritto nel **1818**, molti anni prima che il famoso paleontologo Owen coniasse la parola "dinosauri". Il suo nome è una testimonianza del fatto che in origine i dinosauri erano interpretati dagli studiosi come **animali simili a grosse lucertole**.

272. MELANOROSAURUS

I suoi resti provengono dal Sud Africa e il nome significa **"rettile delle montagne nere"**. Visse nel **Triassico Superiore**.

273. COM'ERA MELANOROSAURUS?

Con i suoi 12 metri di lunghezza, questa creatura era enorme! Si trattava di un importante **sauropodomorfo primitivo**, molto vicino alla linea evolutiva che porterà ai giganteschi sauropodi caratteristici del Giurassico. Aveva il tipico aspetto dei sauropodomorfi basali: una coda e un collo molto lunghi, la testa piccola e gli **arti forti con grandi unghie sui pollici**. Data la mole, si muoveva esclusivamente sulle quattro zampe.

274. UN GRANDE ADDOME PER UN GRANDE INTESTINO

Sia *Anchisaurus*, che *Melanosaurus* avevano un intestino molto voluminoso necessario alla **digestione delle piante**. Ecco perché il loro addome era così sviluppato.

I PRIMI SAUROPODOMORFI

Strano, ma vero!

275. STORIE DI PALEONTOLOGIA: VULCANODON

Vulcanodon significa **"dente di vulcano"**. Accanto al suo scheletro, infatti, furono rinvenuti dei denti acuminati. Inizialmente, quindi, fu classificato come un dinosauro carnivoro, malgrado avesse il tipico aspetto da sauropodomorfo erbivoro. Solo in seguito, i paleontologi scoprirono che quei denti appartenevano a un predatore morto e fossilizzato nelle vicinanze.

Coda allungata.

Visse nel **Giurassico Inferiore**, circa 200 milioni di anni fa, e i suoi resti sono venuti alla luce nello Zimbabwe, in Africa. Aveva la testa piccola, il collo e la coda lunghi, il corpo a botte e grosse unghie sui pollici. Misurava 6 metri e mezzo di lunghezza e si nutriva di vegetali, per lo più conifere, le piante dominanti nel Giurassico. Aveva arti colonnari e la sua postura, a differenza dei prosauropodi, era quadrupede.

L'importanza di *Vulcanodon* risiede nel fatto che, dopo essere stato a lungo considerato un prosauropode, oggi è stato inserito nel gruppo dei **sauropodi**, di cui è ritenuto uno dei più **primitivi**: importante testimonianza dei momenti iniziali della loro evoluzione.

Cranio minuscolo.

Muscolatura ipertrofica.

Collo lungo.

Piccola bocca.

Vulcanodon

Questa creatura era un erbivoro e doveva mangiare una enorme quantità di foglie ed erba ogni giorno. Probabilmente non la masticava, ma la inghiottiva intera.

Artigli simili a unghie.

Arti estremamente tozzi e sviluppati.

I PRIMI SAUROPODOMORFI

276. SAUROPODI

I sauropodi vissero dal **Triassico Superiore** alla fine del **Cretaceo** e da subito ottennero il ruolo di **giganti** del loro ambiente. Il loro aspetto in generale era caratterizzato da collo lungo, corpo voluminoso, coda in molti casi lunghissima, testa piccola e zampe colonnari. Il gruppo è tuttavia molto vasto e alcuni generi mostrano interessanti eccezioni.

277. MISURE EXTRA LARGE

I sauropodi erano gli **erbivori dominanti** di tutti gli ecosistemi terrestri. Probabilmente fu il loro tipo di dieta a favorire lo sviluppo delle dimensioni: per assimilare meglio il nutrimento delle piante è necessario un lungo apparato digerente. Subentrò poi la necessità di difendersi dai grandi predatori e, in breve, le loro misure divennero inimmaginabili. Rappresentano i più grandi animali mai vissuti sulla Terra: tra i **titanosauri** troviamo i più pesanti, tra i **diplodocidi** i più lunghi e tra i **brachiosauridi** i più alti.

278. CETIOSAURUS

Visse tra Europa e Africa nel **Giurassico Medio**, circa 170 milioni di anni fa. Il nome vuol dire **"rettile balena"**.

279. COM'ERA CETIOSAURUS?

Gli scienziati non hanno una conoscenza approfondita di questo animale, perché i suoi fossili sono incompleti. Fu un **animale erbivoro di notevoli dimensioni**: lungo 18 metri e pesante oltre 20 tonnellate. La coda non era molto sviluppata. Le sue vertebre, inoltre, non mostrano le cavità necessarie all'alleggerimento del corpo, particolare che indica che *Cetiosaurus* era ancora piuttosto primitivo.

280. UN MISTERIOSO RETTILE ACQUATICO

Cetiosaurus è stato il primo sauropode studiato, nel lontano 1841, dal paleontologo **Richard Owen** il quale, al momento della scoperta, pensò di avere tra le mani i resti di un **grosso rettile acquatico**. Solo nel 1869, grazie alle scoperte e agli studi di **Thomas Huxley**, venne riconosciuto e classificato come dinosauro!

281. SHUNOSAURUS

Visse in Cina nel **Giurassico Medio**, circa 170 milioni di anni fa. Il suo nome significa **"lucertola di Shu"**, come in passato veniva chiamata la provincia di Sichuan, dove sono venuti alla luce i suoi resti.

282. COM'ERA SHUNOSAURUS?

Shunosaurus è uno dei sauropodi più primitivi che conosciamo. Raggiungeva al massimo 10 metri di lunghezza. Alcuni caratteri del cranio (alto, ma corto), lo avvicinano ai **prosauropodi** e ne dimostrano la **primitività**. Aveva robusti denti a forma di spatola e le mascelle adatte a tagliare la vegetazione. **Il collo era piuttosto corto**, l'addome voluminoso e gli arti colonnari. Il ritrovamento di numerosi esemplari fossilizzati a poca distanza tra loro lascia supporre che fosse un dinosauro dominante nel proprio habitat e che si radunasse in branchi. La **vita in comunità** era probabilmente una strategia di difesa.

283. UN'ARMA UNICA

La vera peculiarità di *Shunosaurus* è la coda che, lunga e sottile, terminava con una **mazza ossea dotata di spuntoni** che di certo veniva utilizzata per respingere i nemici. Al momento non si conoscono altri sauropodi armati allo stesso modo.

Shunosaurus

Mamenchisaurus

284. MAMENCHISAURUS

Visse in Cina, nel **Giurassico Superiore**. Il nome significa **"lucertola di Mamenchi"** e deriva dal luogo del primo ritrovamento dei fossili, in Cina.

285. COM'ERA MAMENCHISAURUS?

Mamenchisaurus era lungo circa 20 metri, ma solo il collo misurava quanto il corpo e la coda messi insieme. La testa era minuscola e la scatola cranica ospitava un **cervello** davvero **piccolo**. La coda, simile a una frusta, era la sua **principale arma di difesa**. Le ultime vertebre caudali erano saldate tra loro e forse servivano a irrigidire la parte terminale per colpire con maggior violenza i predatori. Si muoveva su 4 arti colonnari e si nutriva di piante. È probabile che, per le sue dimensioni, necessitasse ogni giorno di **enormi quantità di cibo**.

286. IL COLLO PIÙ LUNGO

Mamenchisaurus è il dinosauro con il **collo più lungo** finora conosciuto. È probabile che lo utilizzasse per infilare la testa anche tra la vegetazione più fitta o per raggiungere le piante ai bordi delle paludi senza rischiare di impantanarsi. Il collo era sostenuto da **19 vertebre grandi**, ma **leggere, perché dotate di cavità**.

SAUROPODI

STRANO, MA VERO!

287. STORIE DI PALEONTOLOGIA: TURIASAURUS, IL GIGANTE EUROPEO

Turiasaurus è il più grande dinosauro finora scoperto in Europa. È stato battezzato **"rettile di Turia"** in ricordo dell'antico nome della regione spagnola dove è stato rinvenuto nel 2006. Vissuto **tra la fine del Giurassico e l'inizio del Cretaceo**, aveva il tipico aspetto di un sauropode: collo e coda lunghissimi, testa molto piccola e corpo a botte. Si nutriva esclusivamente di vegetali e camminava in postura quadrupede su possenti zampe strutturate come colonne.

Di *Turiasaurus* non si conosce l'intero scheletro. Le ossa trovate (parti del cranio, denti, vertebre, costole e una zampa anteriore sinistra) sono però ben conservate e hanno quindi permesso di ricostruire aspetto e dimensioni di questo animale. Considerato che solo l'omero misurava quanto l'altezza di un uomo, si è calcolato che l'intero dinosauro dovesse superare abbondantemente i **30 metri di lunghezza** e pesare quasi **50 tonnellate**. *Turiasaurus* rappresenta dunque uno dei più grandi sauropodi noti al mondo.

> Probabilmente *Turiasaurus* pesava quanto 8 elefanti africani adulti ed è forse il sauropode europeo più grosso!

> Appartiene al gruppo dei sauropodi, ma verosimilmente si è evoluto separatamente dai più famosi *Diplodocus* e *Brachiasaurus*.

> L'osso superiore della zampa anteriore è lungo circa 1,8 metri.

> L'enorme unghione del piede posteriore è grande come un pallone da calcio.

Turiasaurus

SAUROPODI

147

288. CAMARASAURUS

Visse in Nord America nel **Giurassico Superiore**. Il suo nome si riferisce alle **camere vuote** che caratterizzano le sue vertebre e che avevano la funzione di alleggerirne il peso.

289. COM'ERA CAMARASAURUS?

Il cranio dei **camarasauri** era robusto, ma alleggerito da ampie finestre. Il muso era arrotondato e i denti, forti e a forma di cucchiaio, indicano che questi animali **si nutrivano anche dei vegetali più coriacei**. Le narici non erano collocate sulla punta del muso, ma più indietro. Questo adattamento forse serviva a evitare che le narici si ferissero urtando i rami. Poichè la cavità nasale era molto larga, doveva avere un eccellente olfatto. Il collo, corto rispetto a quello della maggior parte dei sauropodi, poteva essere diretto verso l'alto. La postura era quadrupede e le robuste zampe terminavano con 5 dita. Il primo dito delle zampe anteriori portava un grosso artiglio. La coda non era particolarmente lunga.

290. CAMARASAURUS SUPREMUS

Si tratta della prima specie ed è stata scoperta dal paleontologo **Edward Drinker Cope** nel **1877**. È un sauropode comunissimo e poteva raggiungere la lunghezza di 23 metri.

291. CAMARASAURUS LENTUS

Portato alla luce e studiato da **Othniel Charles Marsh** nel **1889**, è un'altra specie molto comune, ma di taglia più piccola. Sono stati ritrovati 2 esemplari giovani molto ben conservati.

292. CAMARASAURUS GRANDIS

Nominato ancora da **Marsh** nel **1887**, è noto per 6 scheletri incompleti e 2 crani.

I denti erano lunghi circa 16 cm e gli permettevano di strappare con facilità i rami delle piante.

293. CAMARASAURUS LEWISI

Rinvenuto da **Jim Jensen** nel **1988**, sembrerebbe l'unico sauropode capace di sollevarsi facilmente sulle zampe posteriori.

Camarasaurus

SAUROPODI

294. BRACHIOSAURUS

Visse nel **Giurassico Superiore** e i suoi fossili provengono dagli Stati Uniti. Il nome significa **"rettile con le braccia"** e richiama il fatto che aveva le zampe anteriori più lunghe delle posteriori: carattere anatomico raro tra i dinosauri!

295. COM'ERA BRACHIOSAURUS?

Brachiosaurus era **alto 13 metri** e forse anche di più. Oltre ad alcuni scheletri fossili quasi completi, sono stati trovati altri resti frammentari da cui si deduce che le dimensioni potessero essere anche maggiori. **Le zampe** erano **colonnari**, il collo lunghissimo e la coda, seppur lunga, poco sviluppata per un sauropode. La piccola testa aveva una forma particolare: era infatti alta e munita di un **muso corto**. In bocca presentava denti a forma di spatola, utili a strappare le foglie dai rami. Le aperture nasali si trovavano sopra gli occhi, in cima al cranio.

Era alto come un edificio di 5 piani!

Brachiosaurus

296. POSTURA DA GIRAFFA

La **maggiore lunghezza delle zampe anteriori** rispetto alle posteriori conferiva a *Brachiosaurus* una postura simile a quella di una giraffa e gli permetteva di arrivare con la testa in cima agli alberi, dove nessun altro dinosauro poteva arrivare.

297. ERBIVORO INSAZIABILE

Riuscire a raggiungere anche le foglie che crescevano più in alto e in generale avere a disposizione molto cibo era un fattore decisivo per la sopravvivenza di *Brachiosaurus*: è stato stimato che un animale della sua stazza dovesse consumare almeno **240 chilogrammi di foglie ogni giorno**.

298. OSSA LEGGERE

Molte delle ossa del *Brachiosaurus* erano dotate di **sacche d'aria** sia per alleggerire il peso complessivo dello scheletro sia per favorire il raffreddamento corporeo.

299. UN GIGANTE SPODESTATO

Scoperto nel 1903, *Brachiosaurus* è stato a lungo considerato **il dinosauro più grande**, ma in seguito ad altre scoperte di fossili, gli studiosi hanno individuato sauropodi ancora più grandi.

> Il primo dito della mano era ornato di un artiglio, ma la miglior tecnica di difesa consisteva, tuttavia, nel calpestare i predatori che si avvicinavano.

SAUROPODI

300. SAUROPOSEIDON

Il **"rettile di Poseidone"** (il dio del mare nella mitologia greca) visse nel **Cretaceo** e i suoi resti furono rinvenuti in Nord America.

È possibile che *Sauroposeidon*, come altri grandi sauropodi, avesse un sistema di sacche piene d'aria nelle ossa, per alleggerire la massa corporea.

Sauroposeidon

301. COM'ERA SAUROPOSEIDON?

Poteva forse raggiungere 18 metri di altezza e 34 di lunghezza. Era molto simile nell'aspetto a **Brachiosaurus**, anche se era probabilmente meno massiccio a livello di corporatura: il corpo era corto, il collo gracile, ma estremamente allungato e le zampe anteriori più lunghe delle posteriori.

302. VERTEBRE COME TRONCHI

A dimostrare l'altezza sorprendente di *Sauroposeidon* sarebbero alcuni ritrovamenti parziali del suo scheletro: una serie di vertebre cervicali lunghe quasi un metro e mezzo, che, al momento della loro scoperta, vennero scambiate per dei tronchi d'albero fossilizzati! Da queste ossa, le **vertebre più grandi al mondo**, si è cercato di calcolare la dimensione dell'intero animale. Se i risultati fossero corretti *Sauroposeidon* sarebbe il **dinosauro più alto** finora noto.

303. GIRAFFATITAN

Proviene dai sedimenti del **Giurassico Superiore** della Tanzania, in Africa. Il nome richiama chiaramente la postura da **giraffa** e le dimensioni "titaniche" del suo corpo.

304. COM'ERA GIRAFFATITAN?

Giraffatitan era lungo 23 metri e alto 12 metri. Aveva caratteristiche molto simili a *Brachiosaurus* e *Sauroposeidon*. Ciò che lo distingueva era il cranio, che presentava una **vistosa cresta nasale** simile a un elmo sulla cima. Aveva inoltre il muso arrotondato.

305. UN EQUIVOCO DURO A MORIRE

Giraffatitan è stato a lungo classificato all'interno del genere *Brachiosaurus*, tanto che ancora oggi diversi scheletri esposti in vari musei del mondo riportano il nome errato! Una serie di studi recenti, invece, ha permesso di identificarlo come un **genere a sé**.

Giraffatitan

SAUROPODI

STRANO, MA VERO!

306. STORIE DI PALEONTOLOGIA: EUROPASAURUS, UN CASO DI NANISMO INSULARE

Europasaurus, **"il rettile europeo"**, rappresenta il genere di sauropode più piccolo noto. Gli esemplari trovati misurano infatti al massimo 6 metri di lunghezza. Si ritiene che la piccola taglia sia dovuta all'habitat in cui visse *Europasaurus*.

I suoi resti provengono infatti da sedimenti giurassici del nord della **Germania**. All'epoca, questo territorio era un'isola del Bacino della Bassa Sassonia.

Probabilmente gli antenati di *Europasaurus*, di certo molto più grandi, si trovarono isolati in un ambiente ristretto e con poca disponibilità di cibo. La selezione naturale favorì così la **riduzione delle dimensioni**, privilegiando gli esemplari con un ritmo di crescita più lento. Il nanismo insulare è un fenomeno comune in natura.

Europasaurus

SAUROPODI

307. ARGENTINOSAURUS

Come si deduce dal nome stesso, *Argentinosaurus* è stato scoperto in Argentina. Visse nel **Cretaceo Medio**.

308. COM'ERA ARGENTINOSAURUS?

Questo gigantesco sauropode, appartenente al gruppo dei **titanosauri**, aveva collo e coda allungati, la testa molto piccola e il corpo piuttosto snello e sottile rispetto alla maggior parte dei sauropodi. La postura era quadrupede e le zampe erano strutturate come colonne per sostenere l'enorme peso. Si nutriva per lo più di **conifere**.

309. UNA MOLE IMPONENTE

Non esiste uno scheletro fossile completo di *Argentinosaurus*, tuttavia la dimensione delle parti trovate (alcune vertebre e ossa delle zampe) non lasciano dubbi sulle misure che questa creatura poteva raggiungere. Considerato che solo una vertebra, lunga oltre un metro e mezzo, doveva pesare 2 tonnellate, è stato possibile stimare il peso dell'animale intero **tra 80 e 100 tonnellate**!

Argentinosaurus

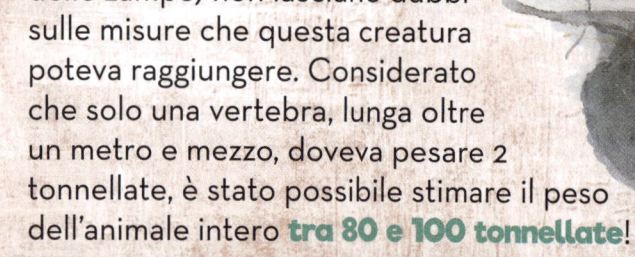

Saltasaurus

310. SALTASAURUS

I suoi fossili sono stati rinvenuti nella provincia di **Salta**, in Argentina, da qui il suo nome. Visse nel **Cretaceo**.

311. COM'ERA SALTASAURUS?

Come *Argentinosaurus*, fa parte del gruppo dei **titanosauri**, ma le sue misure appaiono più contenute. Raggiungeva infatti 12 metri di lunghezza, dimensione che gli permetteva probabilmente di sollevarsi sulle zampe posteriori per raggiungere i rami più alti degli alberi. L'aspetto era quello tipico di un sauropode, ma aveva una serie di **placche ossee sul dorso**, lunga ognuna una decina di centimetri e contornata di tubercoli più piccoli. Placche e tubercoli formavano una sorta di corazza protettiva.

312. TERRITORI DEDICATI ALLA NIDIFICAZIONE

Nella località argentina di **Auca Mahuevo** è venuto alla luce un grande **sito di nidificazione** di *Saltasaurus*, con numerosissimi nidi e uova. I nidi sono buche nel terreno scavate dagli stessi dinosauri; in ognuno vi sono circa 25 uova, coperte di terra e foglie. Nelle uova, lunghe tra 10 e 12 centimetri, spesso è ben conservato anche l'embrione fossilizzato, completo di pelle e corazza dorsale. È chiaro che la deposizione delle uova da parte di numerose femmine in un unico grande territorio rappresenta una **strategia per difendere** più facilmente la prole.

SAUROPODI

Strano, ma vero!

313. LA PAROLA AL PALEONTOLOGO: CHI ERANO I DICREOSAURIDI?

Erano sauropodi di piccola taglia e dal collo corto che vissero tra il **Giurassico** e il **Cretaceo Inferiore** in Africa e Sud America. Comprendono 3 generi dalle caratteristiche anatomiche particolari.

Dicraeosaurus

Dicraeosaurus aveva delle spine biforcute nella parte posteriore del collo ed è per questo stato chiamato **"rettile dalle doppie punte"**. Aveva inoltre una testa grande e un collo largo e corto. Misurava solo 12 metri di lunghezza.

Brachytrachelopan, anche lui lungo soltanto 10 metri, aveva il collo più corto tra tutti i sauropodi. Probabilmente era specializzato nel nutrirsi solo di particolari piante alte tra uno e 2 metri. Il suo nome significa **"il collo corto di Pan"** poiché fu trovato per caso da un pastore (nella mitologia greca, Pan è il dio dei pastori).

Brachytrachelopan

Amargasaurus era forse il più strano di tutti: oltre al collo e alla coda corti, le sue vertebre portavano delle altissime spine biforcute. Si pensa che avessero solo una funzione estetica o che potessero sostenere una vela dorsale. *Amargasaurus* era lungo 9 metri e il suo nome significa **"rettile di Amarga"**, dal nome della città argentina presso cui sono stati trovati i resti fossili.

Amargasaurus

SAUROPODI

314. APATOSAURUS

Visse in Nord America nel **Giurassico Superiore**.
Il nome vuol dire **"rettile che inganna"** (alcune sue ossa sembravano somigliare a quelle di un rettile marino).

315. COM'ERA APATOSAURUS?

Apatosaurus

Appartiene al gruppo dei **diplodocidi**, dinosauri accomunati da una struttura corporea molto più longilinea ed elegante rispetto a quella degli altri sauropodi. Era **lungo 23 metri e alto 8**. Era un animale imponente caratterizzato da zampe possenti come colonne. La testa misurava solo 55 centimetri. I massicci muscoli della schiena gli permettevano forse di sollevarsi sulle zampe posteriori per raggiungere le cime degli alberi. La lunga coda sottilissima era un'arma di difesa micidiale!

316. BRONTOSAURUS O APATOSAURUS?

Due anni dopo il ritrovamento dei primi fossili di *Apatosaurus*, il paleontologo Marsh trovò i resti di un sauropode quasi intero e lo chiamò **Brontosaurus**, ovvero **"rettile del tuono"**. Grazie all'enorme scheletro, questo dinosauro divenne presto famoso. All'inizio del Novecento, però, ci si rese conto che le vertebre di *Apatosaurus* erano identiche a quelle di *Brontosaurus* e, nel rispetto delle regole di nomenclatura, il nome *Brontosaurus* scomparve e venne sostituito da *Apatosaurus*.

317. BAROSAURUS

Fu scoperto in Nord America nel 1890. Visse nel **Giurassico Superiore** e il suo nome significa **"rettile pesante"**.

318. COM'ERA BAROSAURUS?

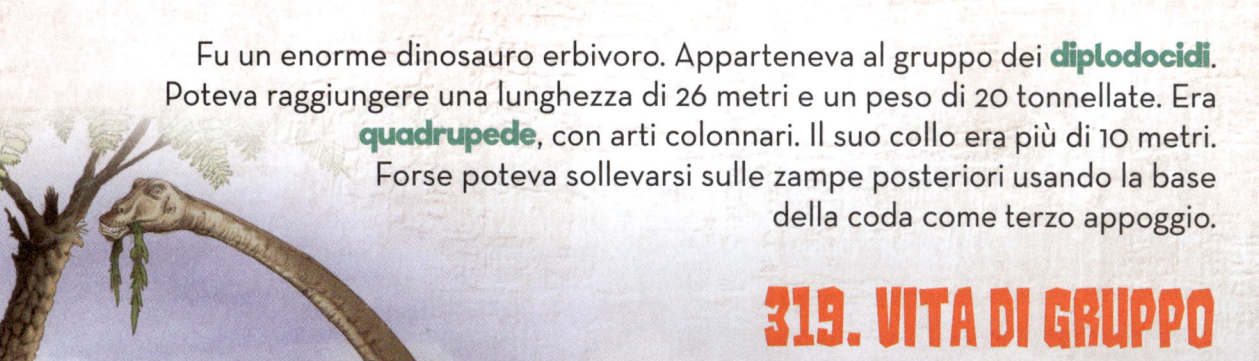

Fu un enorme dinosauro erbivoro. Apparteneva al gruppo dei **diplodocidi**. Poteva raggiungere una lunghezza di 26 metri e un peso di 20 tonnellate. Era **quadrupede**, con arti colonnari. Il suo collo era più di 10 metri. Forse poteva sollevarsi sulle zampe posteriori usando la base della coda come terzo appoggio.

319. VITA DI GRUPPO

I paleontologi pensano che i grossi diplodocidi come *Barosaurus* vivessero in **mandria** e si muovessero in spazi aperti alla continua ricerca di cibo. La vita in mandria, unita alla mole degli adulti, era certamente una strategia per difendere con successo la prole dall'attacco dei predatori.

Barosaurus

SAUROPODI

320. DIPLODOCUS

Diplodocus visse in Nord America nel **Giurassico**, circa 150 milioni di anni fa. Il nome significa **"doppia trave"** e fa riferimento alle particolari ossa biforcate che questo animale presenta nella parte inferiore della coda.

321. COM'ERA DIPLODOCUS?

Poteva raggiungere la lunghezza di **52 metri**.
La corporatura era tuttavia piuttosto esile e molte ossa erano cave. La testa era piccola e munita di denti sottili e proiettati in avanti, adatti a strappare le foglie da alberi e cespugli. Le narici non erano sulla punta del muso, ma **arretrate verso gli occhi**. Il collo era molto lungo, probabilmente dotato di una certa flessibilità. Le 4 zampe erano diritte come colonne e prive di unghie, tranne sui pollici dove vi era un artiglio insolitamente grande.

322. UNO SCHIOCCO SPAVENTOSO

La coda di *Diplodocus*, costituita da circa 80 vertebre, era lunghissima ed estremamente sottile nella parte terminale. Veniva tenuta sollevata dal suolo e forse usata come **frusta per la difesa**: anche solo lo schiocco, infatti, avrebbe prodotto un **suono** così **forte e spaventoso** da mettere in fuga i predatori.

323. CRESTA DA IGUANA

Lungo il collo, il dorso e la coda *Diplodocus* aveva una fila di spine che ricordano, dimensioni a parte, quelle delle iguana.

324. UN CERVELLO LONTANO DAL CUORE

Molto probabilmente *Diplodocus* teneva **il collo parallelo al suolo** o poco più su. Se il collo fosse stato verticale infatti, data la lunghezza smisurata, il cuore non sarebbe riuscito a pompare il sangue fino al cervello.

Diplodocus

Il cranio di *Diplodocus* era minuscolo! Come se un uomo avesse una testa del diametro di 4 cm.

325. LUNGHISSIMO MA LEGGERO

Diplodocus detiene il record di **dinosauro più lungo** finora noto: dalle ossa rinvenute si è stimato che la specie *Diplodocus hallorum* potesse raggiungere una lunghezza compresa **tra 39 e 52 metri**! Malgrado la lunghezza, dovuta soprattutto al collo e alla coda, *Diplodocus* era un animale piuttosto leggero: pesava all'incirca **15 tonnellate**!

SAUROPODI

Strano, ma vero!

326. STORIE DI PALEONTOLOGIA: GIGANTI TRA I GIGANTI

I sauropodi furono i più grandi animali di terraferma mai esistiti. Le dimensioni medie di questi bestioni si aggiravano intorno ai 20 metri di lunghezza, ma alcuni di loro erano veri e propri "giganti tra i giganti".

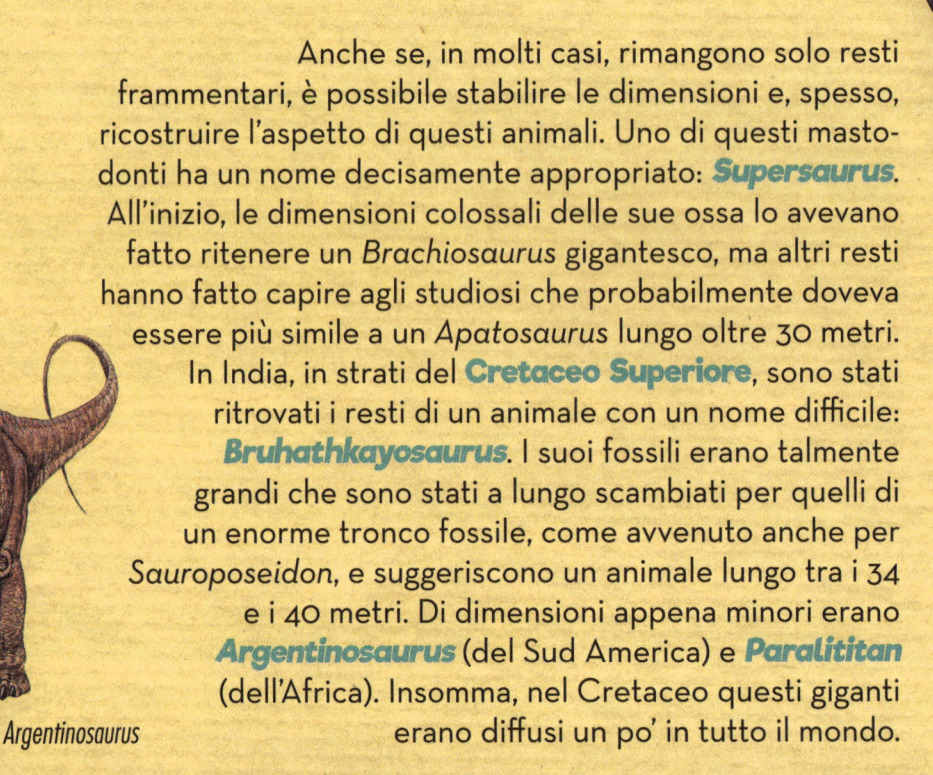

Anche se, in molti casi, rimangono solo resti frammentari, è possibile stabilire le dimensioni e, spesso, ricostruire l'aspetto di questi animali. Uno di questi mastodonti ha un nome decisamente appropriato: *Supersaurus*. All'inizio, le dimensioni colossali delle sue ossa lo avevano fatto ritenere un *Brachiosaurus* gigantesco, ma altri resti hanno fatto capire agli studiosi che probabilmente doveva essere più simile a un *Apatosaurus* lungo oltre 30 metri. In India, in strati del *Cretaceo Superiore*, sono stati ritrovati i resti di un animale con un nome difficile: *Bruhathkayosaurus*. I suoi fossili erano talmente grandi che sono stati a lungo scambiati per quelli di un enorme tronco fossile, come avvenuto anche per *Sauroposeidon*, e suggeriscono un animale lungo tra i 34 e i 40 metri. Di dimensioni appena minori erano *Argentinosaurus* (del Sud America) e *Paralititan* (dell'Africa). Insomma, nel Cretaceo questi giganti erano diffusi un po' in tutto il mondo.

Argentinosaurus

Apatosaurus

I più grandi giganti della terraferma: *Apatosaurus, Diplodocus, Sauroposeidon* e *Argentinosaurus*!

Sauroposeidon

Diplodocus

Le scoperte più recenti arrivano dalla Cina: negli ultimi anni sono state dissotterrate (e la ricerca non si può certo dire conclusa) una quantità di ossa di dinosauri sauropodi: *Huabeisaurus*, *Fusuisaurus*, *Hudiesaurus*, *Dongbeititan*, *Chuanjiesaurus*, *Huanghetitan*... tutti lunghi almeno una trentina di metri. Ma il primato del più grande potrebbe spettare all'incredibile *Amphicoelias fragillimus*, scoperto in Nord America sul finire dell'Ottocento; di questo animale è stata rinvenuta solo una vertebra alta quasi 3 metri. Fatte le debite proporzioni con le vertebre (molto simili) di *Diplodocus*, risulterebbe un animale lungo circa 60 metri! Quest'unica vertebra andò malauguratamente distrutta. Rimangono solo alcune illustrazioni che, non permettendo uno studio dettagliato, non forniscono una conferma valida dal punto di vista scientifico. Il record della massima lunghezza resta pertanto al più noto *Diplodocus*.

SAUROPODI

327. THYREOPHORA

È il nome del gruppo di cui fanno parte **stegosauri** e **ankylosauri**. Meglio noti come **"dinosauri corazzati"**, furono tutti erbivori dotati di strutture protettive come placche, scudi, spuntoni e spine. Erano quadrupedi e avevano le zampe anteriori molto più corte delle posteriori.

328. STEGOSAURI

Più comuni nel **Giurassico Medio** e **Superiore**, avevano la testa minuscola, piccoli denti a forma di foglia e il corpo alto e massiccio. Alcuni avevano doppie file di spuntoni sul dorso e spine ai lati del corpo, altri, come **Stegosaurus**, avevano spuntoni solo sulla coda mentre sul dorso portavano grandi piastre triangolari.

329. ANKYLOSAURI

Più comuni nel **Cretaceo**, erano corazzati dalla testa alla coda. Il gruppo è suddiviso in **polacanthidi**, **nodosauridi** e **ankylosauridi**, che si differenziano per la forma della corazza, per la presenza di spine ai lati del corpo e per la coda che, negli ankylosauridi, terminava con una robusta mazza ossea. Quando erano minacciati da un predatore, si acquattavano a terra in modo da offrire ai morsi dell'avversario solo la rigida corazza e cercavano di ferire l'aggressore colpendolo con gli spuntoni laterali o con la coda.

Huayangosaurus

330. HUAYANGOSAURUS

Ha popolato la Cina nel **Giurassico Medio**. Il suo nome deriva da **"Huayang"**, località della provincia di Sichuan dove, nel 1982, sono stati scoperti 12 esemplari.

Cranio di Huayangosaurus

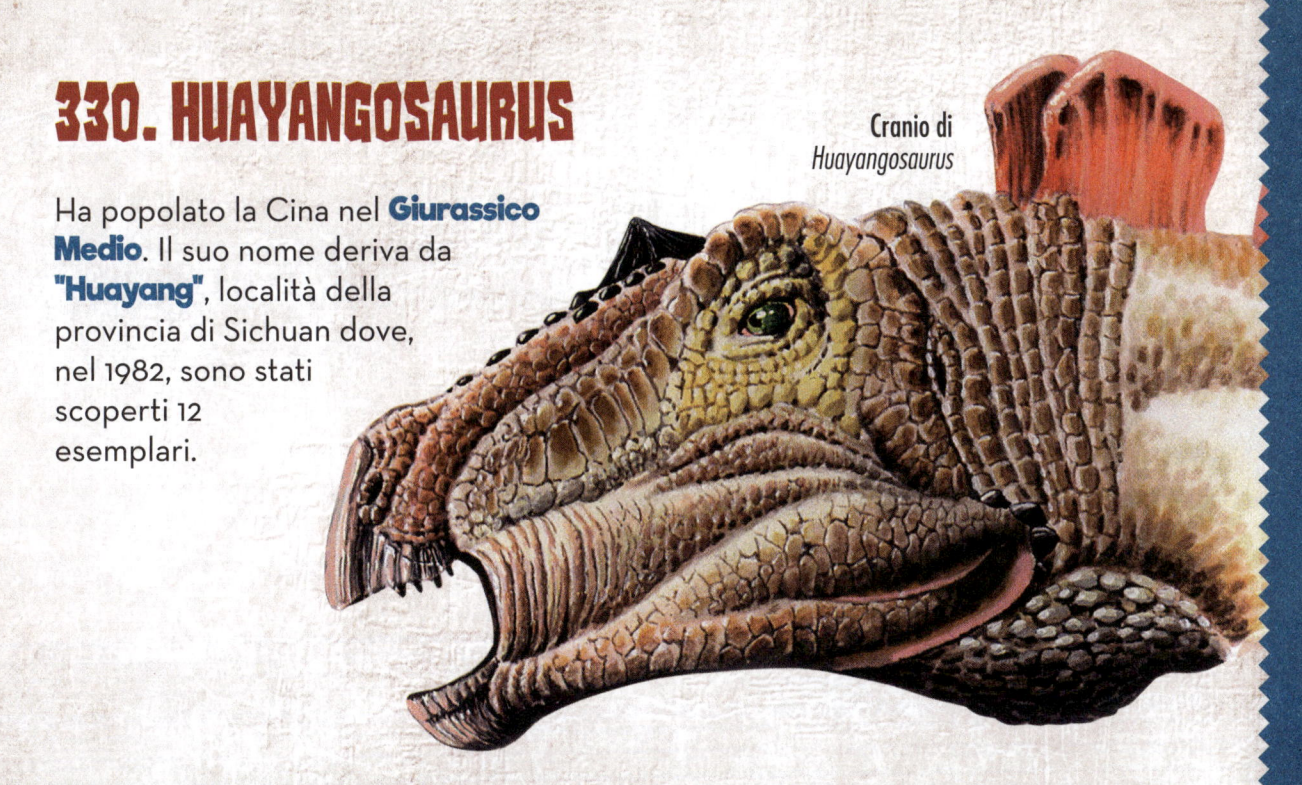

331. COM'ERA HUAYANGOSAURUS?

A differenza dei suoi simili, aveva dimensioni piuttosto ridotte: misurava solo 4 metri e mezzo di lunghezza e un metro e mezzo di altezza. Aveva una doppia fila di **placche sul dorso**, affilate come spine, e due coppie di aculei alla fine della coda che, quasi sicuramente, servivano come arma di difesa. Era erbivoro e quadrupede.

332. UNO STEGOSAURO PRIMITIVO

Huayangosaurus è vissuto alcuni milioni di anni prima di *Stegosaurus* e presenta **diversi caratteri primitivi**. Aveva un cranio largo e corto, non aveva il becco ed era ancora dotato di denti nella parte anteriore della bocca. Inoltre le **piastre dorsali, alte e strette**, non dovevano essere strumenti di termoregolazione efficaci quanto quelle dei suoi parenti più evoluti.

STEGOSAURI E ANKYLOSAURI

333. DACENTRURUS

I suoi resti risalgono al **Giurassico Superiore** e sono stati rinvenuti in Inghilterra, Francia, Spagna e Portogallo. Il suo nome significa **"coda molto spinosa"**.

334. COM'ERA DACENTRURUS?

Fu uno degli **stegosauridi** più grandi. Era lungo 9-10 metri. Il suo aspetto era simile a quello degli altri suoi parenti: testa piccola, dorso curvo, coda sollevata da terra, arti corti e massicci, gli anteriori più corti dei posteriori. Aveva placche sul dorso e coppie di pericolosissime spine sulla coda.

335. UN NOME DI RIPIEGO

La sua scoperta risale al 1875, quando il paleontologo **Richard Owen** portò alla luce i suoi fossili in Inghilterra e lo descrisse attribuendogli inizialmente il nome di **Omosaurus**, che, risultando già assegnato, venne sostituito nel 1902 da **Dacentrurus**.

Dacentrurus

STRANO, MA VERO!

336. LA PAROLA AL PALEONTOLOGO: A CHE COSA SERVIVANO LE PLACCHE DORSALI DEGLI STEGOSAURI?

Placca dorsale di Stegosaurus dal Dinosaur Museum di Blanding, Utah (USA).

Malgrado il loro aspetto minaccioso, pare che le placche dorsali degli **stegosauridi** non potessero avere funzione difensiva. L'ipotesi fu infatti scartata dai paleontologi quando scoprirono che erano irrorate da **numerosi vasi sanguigni**: in caso di ferita, avrebbero sanguinato così tanto da mettere l'animale in serio pericolo di vita.

Si ritiene invece che potessero servire per la **termoregolazione**: quando erano esposte ai raggi del Sole, probabilmente il sangue al loro interno si scaldava e, circolando, innalzava la temperatura di tutto il corpo. In caso di temperatura troppo alta, invece, probabilmente le placche consentivano di dissipare velocemente il calore.

Una spina caudale di Stegosaurus dal Dinosaur Museum di Blanding, Utah (USA).

I paleontologi hanno anche altre teorie sulla loro funzione: forse servivano semplicemente per il **riconoscimento tra specie** o come stratagemma per aumentare le proprie dimensioni e intimidire i predatori. È possibile poi che l'aumento del flusso sanguigno conferisse alle placche una colorazione di **tonalità rossa**, in grado di terrorizzare i nemici.

STEGOSAURI E ANKYLOSAURI

337. STEGOSAURUS

Visse alla fine del periodo **Giurassico** in Nord America. Il nome significa **"rettile col tetto"**.

338. COM'ERA STEGOSAURUS?

Era un animale lungo mediamente tra 7 e 9 metri, si nutriva di piante e si muoveva lentamente sulle 4 zampe corte e tozze. Gli arti anteriori, molto meno sviluppati dei posteriori, gli conferivano la tipica postura curva, con la testa bassa e la coda ben sollevata dal suolo. Sulla schiena portava **17 grandi placche dermiche** a forma di foglia. La testa era munita di un becco corneo per tagliare la vegetazione. I denti, presenti solo nella parte posteriore della bocca, avevano una forma appiattita, fondamentale per macinare le piante.

339. IL DINOSAURO-TARTARUGA

Stegosaurus è uno dei dinosauri ornitischi più famosi. Il suo profilo dalla schiena curva e dalle grandi piastre sul dorso è conosciuto da oltre un secolo. La scoperta risale al **1887**, anno in cui il paleontologo **Charles Marsh** portò alla luce i suoi fossili in Nord America. Inizialmente Marsh pensò che i resti appartenessero a una tartaruga acquatica. Da qui il nome *Stegosaurus* (*Stegos* = tetto).

340. PLACCHE SFALSATE

La disposizione delle placche di *Stegosaurus* è stata a lungo dibattuta dagli studiosi. **Marsh** all'inizio pensò che fossero collocate orizzontalmente, come le tegole di un tetto, poi capì che dovevano trovarsi invece in posizione verticale, ma sbagliò di nuovo disponendole su di un'unica fila. Intorno al **1930** i paleontologi ipotizzarono che le placche fossero allineate su due file parallele.

Ma nemmeno questa ipotesi era convincente perché le placche erano dispari e tutte di dimensione diversa. Solo negli **anni Novanta**, grazie alla scoperta di nuovi fossili, si arrivò alla conclusione che fossero disposte su due file, ma in modo che apparissero sfalsate tra loro.

Stegosaurus

341. CODA ARMATA

La principale arma di difesa di *Stegosaurus* non erano le placche, come si potrebbe pensare, ma i 4 lunghi **spuntoni** di cui era dotata la porzione terminale della coda. Erano molto acuminati e sporgevano lateralmente.

342. CERVELLO PICCOLO

La testa di *Stegosaurus* era piccola e di forma tubolare, di conseguenza anche il cervello era minuscolo. Pare, però, che nella parte posteriore della colonna vertebrale vi fosse un grosso **ganglio nervoso**, adibito a perfezionarne i movimenti.

Kentrosaurus

343. KENTROSAURUS

Visse in Africa 150 milioni di anni fa, nel tardo **Giurassico**. Il nome significa **"rettile con spuntoni"**.

344. COM'ERA KENTROSAURUS?

Era un parente stretto di **Stegosaurus**. Non era di grande taglia, potendo raggiungere al massimo una lunghezza pari a 5 metri e mezzo. La **testa** era **piccolissima**, di forma allungata e piuttosto appiattita. Come tutti gli ornitischi, si cibava di piante: con il becco tagliava la vegetazione e con i denti posteriori la triturava.

345. SPINE E SPUNTONI

La caratteristica che contraddistingue *Kentrosaurus* è la moltitudine di spuntoni presenti sul suo corpo. Aveva una **doppia fila di placche appuntite** sul collo e sul dorso. A metà della schiena, alle placche si sostituivano delle **spine**, lunghe fino a 60 centimetri. Sulla coda vi era una coppia di aculei della lunghezza di un metro. Due spine erano presenti, infine, ai lati del corpo, all'altezza delle spalle. Aculei e spine erano certamente usati come **armi di difesa**.

Hylaeosaurus

346. HYLAEOSAURUS

Visse in Europa nel **Cretaceo Inferiore**. *Hylaeosaurus* significa **"rettile della foresta"** in riferimento alla Foresta di Tilgate, nel Sud dell'Inghilterra, dove venne portato alla luce.

347. COM'ERA HYLAEOSAURUS?

Era lungo circa 6 metri. Aveva il cranio allungato e un becco per tagliare la vegetazione. Si muoveva lentamente sulle 4 zampe massicce. Dalla corazza si ergevano lunghe spine sulle spalle, ai lati del corpo e sulla coda. Era forse un **nodosauride** o, più probabilmente, un **polacantide**, gruppo che comprende dinosauri corazzati con caratteri differenti sia dai nodosauridi sia dagli ankylosauridi.

348. UNA LUNGA STORIA DA RACCONTARE

Hylaeosaurus fu descritto per la prima volta nel lontano 1833 dal famoso medico, geologo e paleontologo **Gideon Mantell**, quando ancora dei dinosauri non si sapeva nulla. All'epoca venne rappresentato come una specie di grossa iguana spinosa. Insieme a *Megalosaurus* e *Iguanodon*, questa specie ispirò **Richard Owen** quando, nel 1842, definì per la prima volta il gruppo dei dinosauri.

STEGOSAURI E ANKYLOSAURI

STRANO, MA VERO!

349. STORIE DI PALEONTOLOGIA: MIRAGAIA E GIGANTSPINOSAURUS, DUE STEGOSAURIDI PARTICOLARI

Miragaia, scoperto in Portogallo, visse nel tardo **Giurassico**, circa 150 milioni di anni fa. Si distingue dagli altri stegosauridi per il lungo collo, che gli avrebbe permesso di raggiungere con più facilità le foglie e i rami, esponendolo però ai morsi dei predatori. Il collo era sostenuto da almeno 17 vertebre, più di quelle che avevano i sauropodi, ma evidentemente più piccole, dato che l'animale raggiungeva al massimo 6 metri di lunghezza.

I sauropodi avevano di solito 12, al massimo 15, vertebre nel collo!

Miragaia

Gigantspinosaurus inizialmente venne scambiato per un altro stegosauride cinese, il *Tuojiangosaurus*.

Gigantspinosaurus

Anche **Gigantspinosaurus** risale al **Giurassico Superiore** e, malgrado sia venuto alla luce in Cina nel 1985, è stato riconosciuto ufficialmente solo nel 2006. Nel 2008 è stata pubblicata una descrizione della sua pelle, di cui si è conservato un lembo: era costituita da scaglie che ripetevano il medesimo disegno geometrico (pentagonale o esagonale al centro, e piccoli tubercoli di forma quadrata, pentagonale o esagonale esternamente). *Gigantspinosaurus* significa **"rettile dalle spine giganti"**. Aveva, in effetti, 2 enormi spine ai lati del corpo, di forma appiattita, ricurve posteriormente e collocate all'altezza delle spalle. Le placche dorsali erano molto piccole e di forma triangolare.

STEGOSAURI E ANKYLOSAURI

Gastonia aveva uno scudo a protezione del bacino e una serie di piccole punte rivolte esternamente correva lungo ogni lato della coda.

Gastonia   *Utahraptor*

350. GASTONIA

Visse in Nord America circa 125 milioni di anni fa, nel **Cretaceo Inferiore**. I suoi resti fossili sono stati trovati in associazione con quelli di *Utahraptor*, il più grande dromeosauride conosciuto.

351. COM'ERA GASTONIA?

Raggiungeva i 7 metri di lunghezza. Era caratterizzato da grandi spine e protuberanze laterali, che ricordano le placche degli stegosauri, il corpo da nodosauride e il cranio da ankylosauride. Fa parte del gruppo dei **polacanthidi**.

352. IL PIÙ CORAZZATO

Gastonia aveva grandi spine appiattite lungo i lati del corpo e piastre taglienti sulla coda. Il cranio era rinforzato da spessi **osteodermi**, tanto che si pensa che potesse utilizzarlo nei combattimenti, mentre sulla parte posteriore erano presenti delle **corna** simili a quelle degli **ankylosauridi**. Per queste caratteristiche detiene il record di vertebrato maggiormente corazzato conosciuto.

353. NODOSAURUS

Visse nel tardo **Cretaceo**. I suoi reperti provengono dal Nord America e il suo nome significa **"rettile nodoso"**.

354. COM'ERA NODOSAURUS?

Nodosaurus misurava 5 o 6 metri di lunghezza. Era un dinosauro corazzato, tozzo, dal cranio massiccio. Si muoveva su 4 zampe robuste e piuttosto allungate per un **nodosauride**. Il suo corpo era rinforzato da una copertura di piastre ossee. Doveva essere goffo e lento nei movimenti. Tuttavia è considerato un **alto esempio di evoluzione**: per difendersi dai carnivori si appiattiva a terra, si chiudeva su se stesso e si affidava alla semplice resistenza della sua dura corazza.

355. I NODOSAURIDI

Nodosaurus ha dato il nome al gruppo della famiglia dei nodosauridi, che a differenza degli ankylosauridi, anch'essi corazzati, erano **privi della mazza sulla coda**, ma normalmente dotati di spine lungo i fianchi. Per quest'ultima caratteristica *Nodosaurus* faceva eccezione, non avendo spine sul corpo.

Nodosaurus

STEGOSAURI E ANKYLOSAURI

STRANO, MA VERO!

356. STORIE DI PALEONTOLOGIA: MINMI, PICCOLO E PRIMITIVO

Minmi è un dinosauro corazzato che visse nel Cretaceo Inferiore, più o meno 115 milioni di anni fa. È stato scoperto in Australia, descritto nel 1980 e porta il nome della località dove è venuto alla luce. Presenta delle caratteristiche primitive che non permettono di inserirlo né tra gli ankylosauridi né tra i nodosauridi, le due famiglie che costituiscono il gruppo degli ankylosauri.

Era di piccola taglia (misurava solo un metro di altezza e 2 di lunghezza), erbivoro e quadrupede, con arti piuttosto lunghi e zampe anteriori più corte delle posteriori. La testa era massiccia e larga, il collo poco sviluppato, il corpo protetto da una corazza e la coda lunga. In un esemplare fossile di *Minmi* si sono conservati anche i resti del contenuto intestinale, presumibilmente l'ultimo pasto prima della morte dell'animale. Abbiamo così un'idea ben chiara della sua dieta: foglie, ramoscelli, piccoli frutti e semi. I rami e le foglie appaiono sminuzzati in piccoli frammenti.

> Gli Ankilosauridi migrarono in Australia nel Giurassico, prima che il Gondwana iniziasse a dividersi.

Poiché nello stomaco non sono presenti gastroliti, *Minmi* era probabilmente **in grado di masticare il cibo**. I frutti e i semi sono invece interi, venivano inghiottiti senza essere triturati.

La corazza di *Minmi*, costituita da un insieme di piastre di varie dimensioni, era una vera e propria armatura. Sulla testa e sul collo, le piastre erano più grandi e robuste. Dalla corazza si ergevano **grossi tubercoli**, disposti in file, che decorrevano, a partire dal capo, lungo il dorso e fino alla coda. Anche gli arti erano protetti da **sporgenze** simili **a borchie**. La coda era sprovvista della mazza caudale tipica degli ankylosauri. Erano presenti inoltre delle piastre protettive, ma non si conosce ancora con esattezza la loro disposizione.

Minmi

> Le strutture laterali delle vertebre di *Minmi* sembrerebbero simili ai tendini laterali delle vertebre dei coccodrilli, che servono ad irrigidire la schiena.

STEGOSAURI E ANKYLOSAURI

357. EDMONTONIA

Risale al tardo **Cretaceo** e il suo nome richiama la città di **Edmonton**, in Canada, da cui sono stati estratti i suoi fossili.

358. COM'ERA EDMONTONIA?

Edmontonia era un **nodosauride** lungo 6 metri e mezzo e alto 2. La testa e la schiena erano coperte di tante piccole piastre ossee. Numerose spine erano poi presenti sia sul dorso sia sulla coda. Altre, molto più grandi, rivolte in avanti e leggermente verso il basso, sporgevano dalle spalle. In alcuni esemplari, una di queste spine, quasi sempre quella più grande, si ramifica e termina con più punte.

359. CRANIO AMPLIFICATORE

Visto dall'alto, il cranio di Edmontonia era di forma triangolare e pare avesse delle cavità **utili ad amplificare i suoni**.

Edmontonia

360. SAUROPELTA

Visse nel **Cretaceo Inferiore** e il suo nome significa il **"rettile con lo scudo"**. I suoi reperti sono stati rinvenuti in Nord America.

Sauropelta

361. COM'ERA SAUROPELTA?

Raggiungeva la lunghezza di 7 metri e mezzo. Anche il suo cranio, massiccio e ben corazzato, era di forma triangolare, ma piatto e non a cupola come negli altri suoi simili. I denti erano a foglia, utili per triturare la vegetazione. Il corpo era massiccio e gli arti robusti per sostenere il peso della corazza. Questa era costituita di grandi placche ossee inserite nella pelle. Numerosi piccoli **tubercoli** riempivano gli spazi tra le grandi placche. Ai lati del collo vi erano delle spine che diventavano più grandi procedendo verso le spalle e si facevano poi più piccole verso le anche. **La coda era lunghissima** (circa la metà del corpo), sostenuta da 40 vertebre, o forse più, e irrigidita da **tendini ossificati**.

362. MUSO NON PERVENUTO

Non si conosce la punta del muso di *Sauropelta*, ma è probabile che avesse un becco, come gli altri **ankylosauri**.

STEGOSAURI E ANKYLOSAURI

363. ANKYLOSAURUS

Visse nel **Cretaceo Superiore** in Nord America. Il suo nome significa **"rettile irrigidito"**.

364. COM'ERA ANKYLOSAURUS?

Rappresenta **il più grande tra i dinosauri corazzati**: poteva infatti raggiungere una lunghezza pari a 11 metri. Era un animale lento e pesante. L'enorme peso della corazza di cui era provvisto era sostenuto dai 4 arti, corti e robusti. Anche il cranio, appiattito e di forma triangolare, era massiccio; terminava con un becco utile per tagliare la vegetazione, che veniva poi triturata dai piccoli denti a foglia posti nella parte posteriore della bocca. Il corpo, basso e largo, era completamente protetto da una spessa armatura, che era costituita da enormi placche ossee immerse nella pelle.

Ankylosaurus

365. PLACCHE DI OGNI FORMA E DIMENSIONE

Le placche di *Ankylosaurus* non avevano tutte la stessa dimensione e forma. Alcune erano grandi, altre più piccole, alcune di forma poligonale e altre tonde. Anche sugli arti e sulla coda vi erano piccole **piastre protettive**. Ai lati della coda sporgevano forse delle **spine**, mentre il cranio era munito di 4 grandi corna.

366. UNA CODA SPEZZA-OSSA

La coda di *Ankylosaurus* terminava con una robusta mazza, costituita dalla fusione di più **osteodermi**. È probabile che con un solo colpo questo dinosauro riuscisse a rompere le ossa dei suoi aggressori.

367. OSSA FUSE

Il paleontologo americano **Barnum Brown**, scopritore di *Ankylosaurus*, scelse di chiamarlo "rettile irrigidito" probabilmente per la presenza di **ossa fuse** sia nel cranio sia in altre parti del corpo. Tale adattamento aveva senza dubbio lo scopo di **aumentare la robustezza** dello scheletro.

368. GLI ULTIMI DINOSAURI

Ankylosaurus visse circa 80 milioni di anni fa e fu probabilmente uno degli ultimi dinosauri a popolare la Terra, prima della **grande estinzione di massa**.

369. EUOPLOCEPHALUS

Proveniente da località del Nord America, è vissuto nell'ultimissima fase del **Cretaceo**. Il suo nome significa **"testa molto armata"**.

370. COM'ERA EUOPLOCEPHALUS?

Era un **ankylosauride** lungo 6 metri, aveva il corpo largo e basso, sostenuto da 4 zampe forti e tozze. Gli arti anteriori erano più corti dei posteriori: aveva pertanto una postura curva, con la testa più vicina a terra e la coda ben sollevata. La testa era appiattita e di forma triangolare, aveva un becco e denti a foglia (nella parte posteriore) per triturare la vegetazione. Il collo era molto corto. L'armatura copriva interamente il corpo ed era formata da **spesse placche ovali** inserite nella pelle e circondate di scudi dermici più piccoli. Dal dorso si ergevano delle grandi spine. La coda, lunga e rigida, terminava con una pesante mazza ossea.

371. ARMATURA COMPLETA

Il nome di *Euoplocephalus* deriva dal fatto che la testa era protetta da una serie di placche ossee fuse tra loro e da 4 corna. Perfino le palpebre erano rinforzate da **osteodermi**.

372. CHE COS'È UN OSTEODERMA?

È un **ispessimento osseo** presente negli strati del derma, il tessuto che si trova subito sotto la pelle. È tipico di molti rettili odierni, per esempio lucertole e coccodrilli, ma anche di diversi gruppi estinti, come i fitosauri e i placodonti. Tra i dinosauri, gli osteodermi sono tipici degli stegosauri e degli ankylosauri. In questi ultimi, in particolare, formavano una vera e propria corazza continua, spessa e rigida sul corpo dell'animale.

373. UN FIUTO INFALLIBILE

Questo dinosauro era simile a un carro armato!

L'olfatto di *Euoplocephalus* doveva essere ottimo, visto che le sue cavità nasali erano ben sviluppate.

Euoplocephalus

374. ZAMPE PER SCAVARE

La struttura delle zampe anteriori ha portato alcuni studiosi a ritenere che *Euoplocephalus* potesse usarle per scavare, magari alla ricerca di radici.

STEGOSAURI E ANKYLOSAURI

Strano, ma vero!

375. Storie di paleontologia: Minotaurasaurus, un cranio taurino

Minotaurasaurus è noto solo per un cranio dall'aspetto mostruoso. Il suo nome si riferisce alla figura mitologica greca del **minotauro**.
La sua scoperta risale al 2009. Non si conosce esattamente l'origine del fossile: proviene infatti da un commerciante che lo possedeva illegalmente. Si pensa tuttavia che possa essere venuto alla luce nel Deserto del Gobi, in **Mongolia**, e che risalga al **Cretaceo Superiore**.
Il cranio, che sembra avere una struttura primitiva, è notevolmente corazzato e presenta spuntoni e corna. Il muso e le narici ricordano l'aspetto di un toro.

Minotaurasaurus

Liaoningosaurus

> Il minotauro era un mostro mitologico che aveva il corpo di un uomo e la testa di toro.

> Con mazza caudale si intende una grossa escrescenza ossea sulla punta della coda.

376. STORIE DI PALEONTOLOGIA: LIAONINGOSAURUS: PICCOLO E BIZZARRO

Liaoningosaurus proviene dalla regione di **Liaoning**, in Cina, e risale al **Cretaceo Inferiore**. È conosciuto dal 2001 sulla base di un unico esemplare, un giovane lungo solo 34 centimetri: rappresenta il più piccolo ankylosauro finora scoperto. Aveva numerose caratteristiche insolite per un dinosauro corazzato: una piastra protettiva sull'addome, i denti molto grandi, i piedi lunghi e artigli molto sviluppati sulle zampe. È difficile inserirlo sia tra i nodosauridi sia tra gli ankylosauridi, anche se l'assenza della **mazza caudale** sembrerebbe avvicinarlo maggiormente ai primi.

STEGOSAURI E ANKYLOSAURI

377. I PRIMI ORNITOPODI

Compaiono tra il **Triassico Superiore** e il **Giurassico**: sono piccoli e veloci corridori, per lo più bipedi. Dal **Giurassico Superiore** le dimensioni aumentano e la postura diviene semibipede (possono muoversi sia su 2 che su 4 zampe).

378. ADROSAURIDI

Sono gli **ornitopodi di maggior successo**. Nel **Cretaceo Superiore**, colonizzarono quasi tutto il pianeta e divennero gli erbivori dominanti. Vivevano in branchi composti da numerosi individui, anche di specie diverse, migravano alla ricerca di cibo, nidificavano in zone protette e accudivano la loro prole. Si differenziano in **saurolofini**, alcuni con testa piatta altri con creste interamente ossee sul capo (probabile sostegno per membrane o sacche di pelle da gonfiare e sgonfiare per emettere suoni), e **lambeosaurini**, muniti di creste cave (forse prolungamenti delle cavità nasali che servivano come cassa di risonanza per emettere richiami).

Hadrosaurus

379. LESOTHAURUS

Visse nel **Giurassico Inferiore**. Il suo nome vuol dire **"rettile di Lesotho"** e fa riferimento al luogo in cui sono stati ritrovati i suoi resti fossili, nella torrida regione del Lesotho, in Sudafrica.

380. COM'ERA LESOTHAURUS?

Lesothaurus è uno dei dinosauri ornitischi più **primitivi** conosciuti, molto simile ai successivi ornitopodi, ma troppo primitivo per poter essere classificato come tale. Era un animale lungo circa un metro (ma alcuni fossili testimonierebbero l'esistenza di esemplari lunghi il doppio), dotato di lunghe zampe posteriori e di arti anteriori molto corti, con primitive mani a 5 dita. Il cranio presentava grandi occhi e caratteristici **denti a foglia**, da erbivoro.

381. FISICO DA VELOCISTA

Lesothaurus era **piccolo e leggero**, ma non avendo strumenti di difesa, faceva affidamento sulla **corsa** per sfuggire ai predatori.

Lesothaurus

ORNITOPODI

382. HETERODONTOSAURUS

Visse nel **Giurassico**. I suoi reperti furono ritrovati in Sudafrica e il suo nome significa **"rettile con denti diversi"**.

383. COM'ERA HETERODONTOSAURUS?

Heterodontosaurus fu un altro **ornitisco primitivo**. Poteva raggiungere quasi 2 metri di lunghezza. Possedeva lunghe zampe posteriori adatte alla corsa, oltre ad arti anteriori sviluppati e armati di artigli affilati. Era di corporatura leggermente più robusta rispetto a *Lesothaurus* e aveva una caratteristica dentatura eterodonte, simile a quella dei mammiferi: con incisivi, canini e molari. I "canini" superiori, molto lunghi, erano forse armi impiegate contro gli avversari, o simili a quelli di alcuni cervi di oggi, che li usano per essere notati dalle femmine.

384. TIANYULONG

Nel 2009, in Cina, è stato rinvenuto un piccolo dinosauro, chiamato *Tianyulong*, con proto-piume, dall'aspetto molto simile a *Heterodontosaurus*. I paleontologi pensano quindi che anche quest'ultimo potesse essere **piumato**!

Heterodontosaurus

385. HYPSILOPHODON

Visse nel **Cretaceo Inferiore**, circa 120 milioni di anni fa. I suoi resti furono ritrovati in Inghilterra. Il suo nome significa **"denti dal bordo alto"**.

386. COM'ERA HYPSILOPHODON?

Hypsilophodon era un piccolo dinosauro erbivoro lungo intorno ai 2 metri. Sebbene il suo aspetto risulti piuttosto primitivo, alcune caratteristiche hanno portato gli studiosi a considerarlo un **ornitopode** a tutti gli effetti: le ossa del bacino e del cranio, in particolare, sono tipiche dei rappresentanti più evoluti di questo gruppo.

387. SCAMBI DI IDENTITÀ

In un primo tempo, i resti di *Hypsilophodon* sono stati scambiati per quelli di esemplari giovani di *Iguanodon*, un dinosauro ben noto e di dimensioni maggiori. Un altro errore commesso dai paleontologi fu quello di considerare questo animale come un **dinosauro arboricolo**: si pensava che le mani a 5 dita e la lunga coda fossero strumenti ideali per la vita sugli alberi. Successive ricerche hanno però dimostrato che la coda era tenuta rigida e serviva a bilanciare l'animale durante la corsa sul terreno.

Hypsilophodon

ORNITOPODI

388. DRYOSAURUS

Visse in Nord America e in Africa nel **Giurassico Superiore**. Il suo nome significa **"lucertola quercia"** in riferimento al suo presunto habitat forestale.

389. COM'ERA DRYOSAURUS?

Dryosaurus rappresenta una delle forme più arcaiche di **iguanodonti**, gruppo che comprende gli ornitopodi più grossi e meno adatti alla corsa. Era lungo circa 3 metri e mezzo, una dimensione notevole rispetto a quella degli ornitopodi precedenti. Presenta delle caratteristiche che anticipano le forme pesanti degli iguanodonti successivi. Ad esempio, il femore era più lungo della tibia: questo è un carattere tipico degli animali camminatori, mentre in quelli corridori il rapporto è inverso.

390. FUGA NON TROPPO RAPIDA

Dryosaurus non era un eccellente corridore, ma, se costretto, ricorreva alla fuga di fronte ai grandi dinosauri carnivori come *Allosaurus*.

Dryosaurus

391. MUTTABURRASAURUS

È stato ritrovato in Australia, in strati del **Cretaceo Inferiore**. Il suo nome significa, la **"lucertola di Muttaburra"**, dal luogo in cui sono stati scoperti i fossili.

392. COM'ERA MUTTABURRASAURUS?

Tra gli **iguanodonti primitivi** bisogna aggiungere anche *Muttaburrasaurus*. Era un grande animale lungo oltre 7 metri, con un corpo voluminoso e lunghe zampe posteriori potenti e robuste. La particolarità di questo dinosauro è data dal cranio, dotato di una struttura ossea nella zona del naso, forse ricoperta da pelle colorata, che poteva essere impiegata come segno di riconoscimento o per emettere suoni udibili a notevoli distanze.

393. DENTI DA CARNIVORO

Una caratteristica peculiare di *Muttaburrasaurus* è la dentatura: adatta a tagliare piuttosto che a masticare e triturare. I muscoli delle mascelle inoltre erano molto potenti. Tali particolarità hanno portato gli scienziati a supporre che si cibasse di piante molto dure o addirittura, almeno occasionalmente, di carne. Se ciò fosse vero, sarebbe l'unico caso di dinosauro **ornitischio carnivoro**.

Muttaburrasaurus

ORNITOPODI

394. TENONTOSAURUS

Visse nel **Cretaceo Inferiore**, i suoi resti fossili sono stati rinvenuti in Nord America. Il nome significa **"lucertola tendine"** e fa riferimento ai tendini ossificati che ne irrigidivano la coda.

395. COM'ERA TENONTOSAURUS?

Tenontosaurus era un **iguanodonte** lungo fino a 8 metri. Aveva il collo piuttosto sviluppato e la coda molto lunga. La testa presentava alcune **caratteristiche primitive**; il muso era lungo e i denti appiattiti. Era quadrupede ma si pensa che corresse in postura bipede, dato che le zampe anteriori erano un po' più piccole di quelle posteriori.

396. UNA CODA APPARISCENTE

La coda di *Tenontosaurus* era muscolosa e lunga oltre la metà del corpo. Inizialmente gli studiosi pensarono che l'animale la usasse quando attraversava le paludi, come una sorta di timone. Poi però l'esemplare fu identificato come un **animale terrestre**. Forse la coda era dunque impiegata per la difesa.

> La coda di *Tenontosaurus* era lunga 4 metri e mezzo!

Tenontosaurus

STRANO, MA VERO!

397. LA PAROLA AL PALEONTOLOGO: VELA O GOBBA?

Ouranosaurus

Il nome *Ouranosaurus* deriva dalla parola araba *ourane* che significa coraggioso, valoroso.

In Africa, e precisamente in Niger, è stato ritrovato un iguanodonte del **Cretaceo Inferiore**, *Ouranosaurus*, lungo circa 7 metri e dotato di **lunghe proiezioni delle vertebre dorsali**, che probabilmente reggevano una membrana di pelle, una sorta di vela estesa fino alla coda, simile a quella del grande carnivoro *Spinosaurus*. Forse anche *Ouranosaurus* utilizzava la vela per regolare la temperatura corporea. Alcuni studiosi ritengono però che le vertebre in realtà non sorreggessero una vela di pelle, ma una **gobba carnosa**, come quella dei bisonti. È probabile che, a causa di questa struttura, il corpo e la coda fossero piuttosto rigidi, mentre il collo doveva essere più lungo e mobile rispetto a quello degli altri iguanodonti.

ORNITOPODI

195

STRANO, MA VERO!

398. STORIE DI PALEONTOLOGIA: DINOSAURI DA TANA

Gli **zefirosauri**, un piccolo gruppo di ornitopodi molto particolari, sono un classico esempio di come la scarsità di fossili porti spesso i paleontologi a formulare **ipotesi sbagliate**. I primi resti di questi animali, ritrovati in terreni del **Cretaceo Inferiore** del Montana (USA), includevano solo parte di un cranio, a cui venne dato il nome *Zephyrosaurus* ("lucertola del vento dell'Ovest"). Questo dinosauro fu inizialmente considerato un veloce corridore affine a *Hypsilophodon*.

Lo stato di usura dei denti ha suggerito agli studiosi che *Zephyrosaurus* avesse la possibilità di muovere le mascelle anche lateralmente, a destra e a sinistra. In questo modo riusciva a "masticare" il cibo anche se non con i complessi movimenti dei ruminanti attuali.

Zephyrosaurus

Koreanosaurus

In seguito, negli stessi luoghi, sono stati scoperti altri fossili incompleti di animali simili: *Orodromeus*, il "corridore delle montagne", e *Oryctodromeus*, "corridore-scavatore", che è stato ritrovato in una specie di cunicolo fossile, con tutta probabilità una tana. Al contrario degli altri ornitopodi, gli zefirosauri erano sprovvisti dei tendini che irrigidivano la coda: questo permetteva loro di girarsi con facilità anche all'interno di spazi stretti e tane anguste.

Nel 2010, in Corea del Sud, è stato disseppellito *Koreanosaurus*, un altro zefirosauro con zampe anteriori lunghe e robuste, collo sviluppato e caratteristiche che lo fanno assomigliare più a un prosauropode che a un ornitopode. Questa famiglia promette di riservare molte altre sorprese!

399. IGUANODON

Vissuto nel **Cretaceo Inferiore**, i suoi resti sono stati rinvenuti in **Europa**. Il nome significa **"dente d'iguana"**.

400. COM'ERA IGUANODON?

Iguanodon era tra gli **iguanodonti** più famosi. Si trattava di un grande dinosauro erbivoro lungo circa 10 metri, alto 4 metri e pesante forse 3 tonnellate. Si spostava su quattro zampe, ma poteva camminare o correre sulle 2 posteriori. Il cranio era lungo, simile a quello di un cavallo e dotato di numerosi denti ravvicinati che formavano una **superficie triturante**. Le zampe posteriori avevano 3 dita, mentre quelle anteriori ne avevano 5. La coda era lunga e robusta, dotata di tendini ossificati che la rendevano rigida.

401. POLLICI DA DIFESA

Le 3 dita centrali della mano di *Iguanodon* erano dotate di veri e propri zoccoli, utili quando *Iguanodon* si spostava su tutte e 4 le zampe. Il mignolo era prensile, un po' come il pollice degli uomini, ed era utile per afferrare il cibo, mentre il pollice era costituito da un solo elemento grande e appuntito simile a un **pugnale**.

402. IL MISTERIOSO RETTILE DI MANTELL

I primi fossili noti comprendevano alcuni denti, ritrovati da **Gideon Mantell** nel 1822. Questo medico, appassionato di geologia, era sicuro che appartenessero a qualche sconosciuto rettile preistorico, ma la maggior parte degli studiosi dell'epoca non prese in seria considerazione le sue ipotesi. Fu solo nel 1824 che Mantell riuscì a dimostrare, grazie a un raffronto con i denti dell'attuale iguana, che i resti erano riconducibili a un **grande rettile estinto**: ecco il motivo del nome *Iguanodon*.

Iguanodon

403. UNA GRANDE IGUANA

Per molti anni *Iguanodon* venne ricostruito come un'enorme iguana lunga 30 metri. Solo la scoperta di un vero e proprio "giacimento di iguanodonti", avvenuta nel 1878 a **Bernissart** (Belgio), permise di conoscere nei dettagli l'aspetto di questo animale.

404. IL PRIMO DINOSAURO DA ESPOSIZIONE

Iguanodon fu il primo dinosauro a essere ricostruito: una sua riproduzione realizzata dal pittore **Hawkins**, sotto la guida del paleontologo Owen, fu esposta nel 1851 presso il **Crystal Palace** a Londra. L'esemplare era rappresentato come un tozzo lucertolone quadrupede con un corno sul naso.

ORNITOPODI

STRANO, MA VERO!

405. STORIE DI PALEONTOLOGIA: IGUANODON E I SUOI FRATELLI

Da quando sono stati descritti i primi denti di *Iguanodon*, a questo dinosauro sono stati attribuiti moltissimi altri fossili più o meno completi. Nel corso dell'Ottocento, epoca in cui le ricerche in campo paleontologico erano a livello pionieristico, praticamente tutti i resti frammentari di ornitopodi finivano sotto l'etichetta di **"Iguanodon"**.

Questa situazione è continuata fino all'avvento, con il nuovo millennio, di una nuova generazione di paleontologi che ha dato inizio a una revisione dei reperti attribuiti al genere *Iguanodon*.

> La Paleontologia è una scienza che nasce a inizio Ottocento, quando si cominciano a studiare i primi fossili rinvenuti.

> Negli ultimi decenni la paleontologia ha rivisto molte delle sue teorie un tempo date per assodate.

Altirhinus

Delapparentia

Barilium

Hypselospinus

Il risultato è stata una vera e propria esplosione di **nuovi iguanodonti**, simili ma non identici a **Iguanodon**. Ci sono **Altirhinus**, dotato di un naso grosso e ricurvo, **Mantellisaurus** e **Dollodon**, dal corpo snello, l'americano **Dakotadon**, **Sellacoxa**, con il bacino a forma di sella, **Barilium**, dalle forme pesanti, **Hypselospinus**, dalle vertebre allungate, gli antichi **Kukufeldia** e **Owenodon**. L'ultima scoperta risale al 2011, è **Delapparentia**, proveniente dalla Spagna: un iguanodonte insolitamente robusto e lungo più di 10 metri.

Iguanodon

Mantellisaurus

Sellacoxa

Dollodon

Iguanodon viveva in mandria, per proteggersi dai predatori. Era probabilmente il più diffuso tra i dinosauri. Suoi fossili sono stati ritrovati anche nell'Artico.

ORNITOPODI

Strano, ma vero!

406. STORIE DI PALEONTOLOGIA: LURDUSAURUS, UN IGUANODONTE PESANTISSIMO

Lurdusaurus arenatus, il "rettile pesante della sabbia", è un iguanodonte del **Cretaceo Inferiore** dall'aspetto particolare.

È stato disseppellito negli anni Settanta del Novecento nei sedimenti sabbiosi del deserto del Ténéré in Niger ed è rimasto a lungo misterioso. La prima a descriverlo fu una studentessa, che negli anni Ottanta se ne occupò brevemente per la sua tesi di laurea. Allora fu battezzato provvisoriamente col nome di *Gravisaurus tenerensis*. Solo nel 1999, dopo essere stato descritto ufficialmente, ha ricevuto il nome definitivo.

È stato inserito nel gruppo degli **iguanodonti**, sebbene presenti **caratteri esclusivi**: una lunghezza di 9 metri, il corpo molto pesante e largo, la postura sicuramente quadrupede (a differenza degli altri iguanodonti, per lo più bipedi). Le zampe anteriori, dotate di un pollice-aculeo come quello di *Iguanodon*, erano molto sviluppate. Anche quelle posteriori erano straordinariamente robuste, ma piuttosto corte, per un iguanodonte. Il collo invece, flessibile e allungato, e la piccola testa ricordano l'anatomia di un sauropode.

Esiste solo un altro dinosauro potenzialmente simile a *Lurdusaurus*. Si chiama *Lanzhousaurus* e proviene dalla Cina. Pare che entrambi appartengano a un ramo a parte di ornitopodi giganti, tipici del Cretaceo Inferiore.

Lurdusaurus

Considerate le grandi dimensioni di questo animale e la mappa dei luoghi in cui viveva, si pensa che preferisse degli ambienti semi-acquatici, e che usasse il suo grosso peso per rimanere immerso in bacini di acqua per molto tempo.

ORNITOPODI

203

407. TETHYSHADROS

I suoi resti sono stati scoperti in una località vicino a Trieste, nota come Villaggio del Pescatore. Visse nel **Cretaceo Superiore**. Il suo nome significa **"adrosauro della tetide"**.

408. COM'ERA TETHYSHADROS?

Tethyshadros era un **iguanodonte adrosauroide**, ovvero un antenato degli adrosauridi: i dinosauri a becco d'anatra. Possedeva tuttavia diverse caratteristiche peculiari, come il cranio, dotato di un becco che terminava in numerose punte sporgenti, o le zampe anteriori dotate di 3 sole dita, al contrario di tutti gli altri ornitopodi, che ne avevano 4 o 5. A differenza di quelle degli iguanodonti, le zampe posteriori presentavano **un femore più corto della tibia**: è probabile dunque che fosse un corridore. La coda, infine, terminava con una sorta di frusta come nei sauropodi diplodocidi.

Tethyshadros

Il femore è una delle ossa più robuste che compongono lo scheletro.

409. UNA SCOPERTA ITALIANA

Tethyshadros è stato il secondo dinosauro italiano a venire descritto dopo **Scipionyx**. Il fossile più bello è uno scheletro praticamente completo, lungo 4 metri: il miglior esemplare di dinosauro europeo.

410. HADROSAURUS

I suoi resti risalgono al **Cretaceo** e sono stati rinvenuti in Nord America. Il suo nome significa "rettile massiccio".

411. COM'ERA HADROSAURUS?

Ha dato il nome alla famiglia dei dinosauri a becco d'anatra, gli **adrosauridi**. Era lungo 9 metri. Poteva reggersi sia su 4 zampe che su 2. Probabilmente viveva in branchi. I denti mostrano chiaramente che la **dieta era a base di vegetali**. A causa della carenza di fossili, tuttavia, ancora oggi è difficile ricostruire il suo aspetto.

Hadrosaurus

412. UNA CELEBRITÀ SCONOSCIUTA

Hadrosaurus fu il **primo dinosauro descritto negli Stati Uniti** e i suoi fossili, seppur incompleti, permisero ai paleontologi di capire che alcuni dinosauri erano **bipedi**, in contrasto con le idee dell'epoca che li raffiguravano come pesanti e goffi quadrupedi.

ORNITOPODI

413. EDMONTOSAURUS

Visse in Nord America al termine del **Cretaceo**. Il suo nome significa **"rettile di Edmonton"**, la città vicina al luogo di ritrovamento dei suoi fossili.

414. COM'ERA EDMONTOSAURUS?

Uno degli **adrosauridi** più grandi fu certamente *Edmontosaurus*: raggiungeva una lunghezza di 13 metri. Era un animale erbivoro, molto probabilmente gregario e in grado di spostarsi su 2 o 4 zampe a seconda delle necessità. Il cranio non aveva creste e terminava con un becco largo, piatto e privo di denti. Nella parte posteriore della bocca vi erano invece **numerosissimi denti, organizzati in batterie**, in grado di auto-affilarsi, grazie a un particolare movimento delle mascelle, e capaci di macinare anche vegetali molto duri. Le zampe anteriori erano più corte delle posteriori e le dita di mani e piedi terminavano con degli **zoccoli**. La coda, lunga, piatta lateralmente e rigida, doveva essere fondamentale per mantenere l'equilibrio quando l'animale si spostava su due zampe.

415. DINOSAURI-MUMMIA

Tra gli esemplari conservati di *Edmontosaurus*, ne esistono anche di **mummificati con tracce di pelle**.

Edmontosaurus

Maiasaura

416. MAIASAURA

I suoi reperti furono rinvenuti in Nord America. Il nome significa **"rettile buona madre"**. Visse nel **Cretaceo**.

417. COM'ERA MAIASAURA?

Maiasaura era un **adrosauro**, caratterizzato da una piccola cresta davanti agli occhi e lungo circa 7 metri. La sua mandibola era munita di molte fila di **denti seghettati**, ottimi per sminuzzare e triturare le piante. Migrava per lunghe distanze alla ricerca di vegetali da brucare e di luoghi sicuri dove riunirsi in colonie.

418. LA MONTAGNA DELLE UOVA

Nel 1978, in Montana (USA), furono ritrovati fossili di **Maiasaura** circondati da una incredibile quantità di nidi, uova e cuccioli. La zona è diventata famosa con il nome di **"Egg Mountain"**. I **nidi erano costruiti con il fango**, avevano un diametro di circa 2 metri e potevano ospitare anche 30 uova, lunghe ognuna 20 centimetri. Nei nidi si sono conservati anche resti fossili vegetali: le uova venivano quindi forse coperte di foglie. I cuccioli, alla nascita, misuravano solo 35 centimetri e avevano le zampe troppo gracili per camminare. Venivano pertanto nutriti e protetti dai genitori. Da qui deriva il nome di Maiasaura.

ORNITOPODI

419. SAUROLOPHUS

Il suo nome significa il **"rettile con la cresta"**. Visse in Nord America e Asia della fine del **Cretaceo**.

Saurolophus

420. COM'ERA SAUROLOPHUS?

Saurolophus fu un tipico **adrosauride**. Era bipede e raggiungeva una lunghezza di circa 12 metri. Poteva camminare anche su quattro zampe.
Aveva il corpo massiccio, una coda lunga, le zampe anteriori più corte delle posteriori. Le dita terminavano in **piccoli zoccoli**. Il becco era privo di denti, ma all'interno della bocca erano posizionati centinaia di denti organizzati in batterie. Lungo il dorso portava una **piccola vela**, sostenuta da un allungamento verso l'alto delle vertebre.

421. L'ADROSAURIDE DAL CORNO MUSICALE

Il **corno** di *Saurolophus*, proiettato posteriormente e posizionato sul retro del cranio, non era **cavo**, a differenza della maggior parte delle creste degli altri **adrosauridi**. Alcuni studiosi ritengono che questo corno potesse sostenere una membrana collegata con le narici, che veniva gonfiata dall'animale per **emettere suoni**.

422. PARASAUROLOPHUS

Visse nel **Cretaceo**, 70 milioni di anni fa in Nord America. Il nome significa **"vicino a Saurolophus"** e venne scelto poiché, al momento della scoperta, sembrò molto simile al già noto *Saurolophus*.

423. COM'ERA PARASAUROLOPHUS?

Parasaurolophus era lungo 10 metri e alto quasi 3 metri. Era capace di camminare sia a 4 zampe sia a 2. Aveva il muso largo e piatto e molte file di denti seghettati, ottimi per sminuzzare e triturare le piante. **Migrava in mandria** per lunghe distanze alla ricerca di vegetali da brucare e di luoghi sicuri dove riunirsi in colonie per fare il nido.

424. UNA CRESTA DA RICHIAMO

La funzione della grande cresta di *Parasaurolophus*, un lungo tubo ricurvo e rivolto all'indietro, è stata discussa a lungo. Fino agli anni Sessanta del Novecento gli studiosi pensavano che gli **adrosauridi** fossero acquatici e perciò immaginarono che la cresta fosse una sorta di **boccaglio**. Questa ipotesi fu smentita quando ci si accorse che all'estremità del tubo non c'era alcun foro. Oggi si ritiene che la cresta servisse a vari scopi: per l'identificazione della specie, per distinguere i maschi dalle femmine, per regolare la temperatura corporea e per la comunicazione. La cresta, infatti, era vuota: poteva dunque funzionare come uno **strumento a fiato**!

Parasaurolophus

ORNITOPODI

425. MARGINOCEFALI

È un grande gruppo di dinosauri, caratterizzati da particolari ossa sulla parte posteriore del cranio. Ne fanno parte i **pachicefalosauri**, i "sauri dalla testa a cupola", e i **ceratopsi**, i "musi cornuti".

426. PACHICEFALOSAURI

Furono tutti animali bipedi, erbivori e di piccole dimensioni con un **ispessimento del cranio**, spesso contornato da spuntoni o altri ornamenti, forse utile nei combattimenti tra maschi durante il periodo della riproduzione. In alcuni gruppi la testa risulta appiattita, in altri l'ispessimento dà origine a una sorta di cupola.

427. CERATOPSI

Anche questi dinosauri si riconoscono per il caratteristico cranio: avevano un **grande becco** simile a quello dei pappagalli, e un **ampio scudo posteriore**, prolungato fino alle spalle, utile per l'aggancio dei muscoli masticatori. Per difendersi, vivevano in branco e sfruttavano lunghe corna nasali e frontali. Mentre i primi ceratopsi furono piccoli e bipedi, i successivi divennero quadrupedi, con forti zampe adatte al galoppo, e raggiunsero dimensioni notevoli. Si distinguono 2 gruppi principali di ceratopsi: i **centrosaurini**, con un collare corto, spine lungo il margine e un corno nasale ben sviluppato, e i **chasmosaurini**, con un collare di norma allungato e corna frontali più sviluppate.

428. HOMALOCEPHALE

Proviene dalla Mongolia e visse nel **Cretaceo Superiore**, più o meno 80 milioni di anni fa. Il suo nome significa **"testa piatta"**.

429. COM'ERA HOMALOCEPHALE?

Homalocephale era un **pachicefalosauro** e raggiungeva un metro e 80 centimetri di lunghezza. Malgrado l'ispessimento osseo, aveva il cranio piuttosto appiattito, privo della cupola che caratterizza i generi più evoluti, e con un prolungamento posteriore a forma di cuneo. Gli **arti anteriori erano più corti** dei posteriori. Era bipede e si nutriva di vegetali. Si pensa che i maschi utilizzassero la forte testa per i combattimenti durante il periodo degli amori. Il bacino era largo, in modo da offrire all'animale una maggior stabilità durante gli scontri, mentre la lunga coda era irrigidita da tendini ossei.

Homalocephale è stato a lungo considerato uno dei pachicefalosauri più primitivi noti, ma la sua collocazione oggi è in dubbio, poiché, da studi recenti, sembrerebbe che **l'appiattimento della testa** possa essere un **adattamento successivo** (e non un carattere primitivo), o un aspetto provvisorio dovuto alla giovane età degli esemplari trovati.

Homalocephale

Strano, ma vero!

430. STORIE DI PALEONTOLOGIA: WANNANOSAURUS, NESSUNA CUPOLA OSSEA

Wannanosaurus deriva dal nome della provincia cinese da cui provengono i suoi fossili e rappresenta il pachicefalosauro più primitivo noto.

Era lungo meno di un metro, bipede, con gambe forti e braccia corte. Aveva denti piccoli e si nutriva di piante, frutta e semi. A differenza degli altri pachicefalosauri, il suo cranio era appiattito e non presentava un forte ispessimento osseo. *Wannanosaurus* visse alla fine del Cretaceo, circa 80 milioni di anni fa.

Wannanosaurus

431. LA PAROLA AL PALEONTOLOGO: A CHE COSA SERVIVA LA CUPOLA OSSEA?

Fino a poco tempo fa si pensava che, nei periodi collegati alla riproduzione, i pachicefalosauri maschi potessero combattere colpendosi **testa a testa**: mantenendo il corpo parallelo al terreno durante la carica, avrebbero infatti scaricato la forza dell'impatto lungo la colonna vertebrale, fino al robusto cinto pelvico, e poi, attraverso le zampe posteriori, al suolo.

Oggi però sono stati avanzati molti dubbi in proposito. È stato infatti appurato che il loro collo non era diritto, ma si piegava a "S" e non avrebbe pertanto potuto sopportare impatti violenti. Sui fossili non sono stati trovati segni di cicatrici o fratture del cranio e le ossa non appaiono abbastanza forti da poter reggere continui urti senza subire danni.

La conclusione a cui si è giunti è dunque che i maschi utilizzassero la testa per **colpire i fianchi degli altri maschi** e attirare l'attenzione delle femmine o conquistare il territorio, o come segno di riconoscimento.

Un *Pachycephalosaurus* poteva rompere le costole di un tirannosauro colpendolo con la cupola ossea che aveva sulla testa.

432. STEGOCERAS

Visse nei territori che oggi corrispondono al Nord America nel **Cretaceo Superiore**. Il nome significa **"tetto con le corna"**.

433. COM'ERA STEGOCERAS?

Stegoceras non era particolarmente grande: misurava 2 metri e mezzo di lunghezza e un metro e mezzo di altezza. Era bipede e si nutriva di piante, che tagliava con il becco e triturava con i piccoli denti a forma di foglia. Come tutti i **pachicefalosauri** era dotato di una cupola ossea sul cranio.

Cupola ossea che usava come ariete.

Stegocéras

434. UN CRANIO TONDEGGIANTE

La testa di *Stegoceras* presenta un **tetto cranico** notevolmente ispessito e tondeggiante, circondato da piccole protuberanze ossee. Tra i reperti fossili ve ne sono alcuni con la **cupola ossea** più spessa di altri. Si pensa che questa particolarità anatomica differenziasse i maschi dalle femmine: la cupola ossea di maggior spessore consentiva ai maschi di combattere tra loro durante la stagione riproduttiva.

Pachycephalosaurus

435. PACHYCEPHALOSAURUS

Il **"rettile dalla testa spessa"**, visse in Nord America alla fine del **Cretaceo**, poco prima della grande estinzione di massa.

436. COM'ERA PACHYCEPHALOSAURUS?

L'**anatomia** dello scheletro di *Pachycephalosaurus* è **poco conosciuta**. Doveva essere un animale bipede, lungo circa 5 metri, dotato di un collo poco sviluppato, ma robusto, di arti anteriori piccoli e di gambe piuttosto lunghe. Il corpo era voluminoso e la coda sufficientemente allungata e pesante da bilanciare il peso della testa. **I denti erano a forma di foglia**, ma molto piccoli. Questo aspetto ha fatto ipotizzare che fosse onnivoro: si nutriva quindi con molta probabilità di foglie, frutti, semi e insetti.

437. UN CRANIO AGGHINDATO

Il cranio di *Pachycephalosaurus* era molto particolare: era irrobustito da una cupola ossea, spessa più di 20 centimetri e ornata da una serie di **noduli** nella parte posteriore e di almeno 4 corte **spine** sul muso che invece era corto e munito di un becco appuntito.

438. STYGIMOLOCH E DRACOREX

I loro nomi significano rispettivamente **"il diavolo cornuto del fiume Stige"**, e **"il re drago"**, appartengono al tardo **Cretaceo** e vissero in Nord America.

439. COM'ERANO STYGIMOLOCH E DRACOREX?

Stygimoloch e *Dracorex* presentano il cranio ispessito e dotato di numerose spine e protuberanze. Il primo possedeva **6 lunghe spine** attorno alla parte posteriore della cupola ossea; il secondo aveva invece numerose piccole protuberanze simili a **corna** dalla punta smussata.

440. TRE DINOSAURI AL PREZZO DI UNO

A parte le dimensioni minori e la cupola ossea più appiattita e meno sviluppata, *Stygimoloch* e *Dracorex* somigliavano molto a *Pachycephalosaurus*. Per questo motivo, e poiché di entrambi si conoscono solo fossili di esemplari giovani, il paleontologo americano Jack Horner ha recentemente ipotizzato che questi due dinosauri possano rappresentare **forme giovanili dello stesso** *Pachycephalosaurus*.

Cranio di *Stygimoloch*

Strano, ma vero!

441. LA PAROLA AL PALEONTOLOGO: CHE COSA SONO LE CURE PARENTALI?

Sono tutti gli atteggiamenti di protezione che gli animali adulti manifestano nei confronti della loro prole. Normalmente (ma vi sono numerose eccezioni) gli invertebrati e i vertebrati posti nella parte inferiore della scala zoologica non assumono questi comportamenti. Molti dinosauri si prendevano invece cura dei propri cuccioli, come testimoniano numerose tracce fossili. **I genitori proteggevano, covavano le uova e**, per un periodo di tempo più o meno prolungato, **accudivano i piccoli**, che, alla nascita, non erano ancora in grado di badare a se stessi.

Piccolo di *Maiasaura* appena uscito dall'uovo.

PACHICEFALOSAURI E CERATOPSI

442. PSITTACOSAURUS

I suoi reperti, centinaia, sono tutti provenienti dell'Asia. Visse nel **Cretaceo Inferiore**, il suo nome significa **"rettile pappagallo"**.

443. COM'ERA PSITTACOSAURUS?

Psittacosaurus fu un piccolo **ceratopo primitivo** bipede, con arti anteriori corti e privo dello scudo nucale che caratterizza gli altri dinosauri appartenenti al gruppo. Alcune specie, per esempio *Psittacosaurus mongoliensis*, potevano raggiungere la lunghezza di 2 metri. **Il cranio** era alto e corto, di forma **triangolare**, con un becco grande e robusto, molto simile a quello dei pappagalli. Becco e denti erano utili per tagliare le piante e sminuzzare frutti e semi. Il movimento delle mandibole forniva un continuo **auto-affilamento dei denti**.

444. UN GRANDE CONSUMATORE DI GASTROLITI

Per aiutarsi nella digestione, *Psittacosaurus* ingeriva gastroliti, piccoli sassi che, con il loro movimento, trituravano ulteriormente il cibo all'interno dello stomaco: in alcuni scheletri fossili se ne contano **più di 50**!

445. UN GENERE, TANTE SPECIE

Psittacosaurus è noto dal 1923, quando il paleontologo americano Henry Fairfield Osborn ne fornì una prima descrizione. Oggi è ben conosciuto grazie a diverse centinaia di reperti fossili e detiene il record di genere di dinosauro con più specie: se ne contano infatti almeno **9 ufficialmente riconosciute**.

446. UN GENITORE MOLTO ATTENTO

Un esemplare adulto di *Psittacosaurus* è stato rinvenuto accanto a **una trentina di cuccioli**, dimostrando come questo tipo di animale si prodigasse in cure parentali nei confronti della prole.

447. UNA PREDA AMBITA

Nello stomaco di un triconodonte carnivoro, **Repenomamus**, sono visibili i resti di uno psittacosauro: è probabile, quindi, che questo dinosauro venisse cacciato da alcuni mammiferi coevi – che vissero, cioè, nel suo stesso periodo.

Psittacosaurus

Uno dei reperti rinvenuti presentava una fila di strutture ossee simili a piume sulla coda, di cui non si conosce ancora la funzione.

PACHICEFALOSAURI E CERATOPSI

STRANO, MA VERO!

448. STORIE DI PALEONTOLOGIA: CERATOPSI PRIMITIVI APPENA VENUTI ALLA LUCE

Negli ultimi anni sono stati scoperti nuovi, interessanti ceratopsi primitivi. Il loro aspetto risulta in generale simile a quello di *Psittacosaurus*: bipedi, erbivori, con lunghe zampe posteriori indicate per la corsa, dotati di becco a pappagallo e dalle dimensioni ridotte.

Archaeoceratops proviene dal **Cretaceo Inferiore** cinese. Nel 2010 è stata rinvenuta la seconda specie di questo dinosauro. È considerato uno dei ceratopsi più primitivi: il suo nome significa appunto "ceratopo arcaico". Essendo lungo meno di un metro, è anche uno tra i più piccoli finora noti.

Archaeoceratops

Koreaceratops popolava il territorio oggi corrispondente al Sud della Corea. I suoi resti, disseppelliti nel 2008, risalgono all'inizio del **Cretaceo**. Lo studio e la descrizione di questo animale hanno messo in evidenza una struttura caratteristica: le vertebre caudali presentano spine molto sviluppate che rendono la lunga coda alta e piatta. Questo dettaglio anatomico ha portato alcuni studiosi a sviluppare una teoria, forse bizzarra, secondo cui i ceratopi primitivi erano animali acquatici e utilizzavano la lunga coda appiattita per il nuoto.

Koreaceratops

Ajkaceratops rappresenta infine il primo ceratopo scoperto in Europa. La sua descrizione risale al 2010. I resti, venuti alla luce a poca distanza dalla città di Ajka, in Ungheria, risalgono al **Cretaceo Superiore**. Era un animale lungo un metro, bipede e con un grande becco da pappagallo. Si pensa che i suoi antenati asiatici abbiano raggiunto l'Europa grazie ad alcune isole che, nel Cretaceo, collegavano i due continenti.

Ajkaceratops

PACHICEFALOSAURI E CERATOPSI

449. PROTOCERATOPS

Visse nel **Cretaceo Superiore**. I suoi abbondanti fossili sono venuti alla luce nel deserto del Gobi, in Mongolia. Il suo nome significa **"il primo muso cornuto"**.

450. COM'ERA PROTOCERATOPS?

Protoceratops non superava la lunghezza di 2 metri. Il cranio, più grande rispetto al corpo, terminava con un becco da pappagallo. Non aveva grandi corna, ma un **ampio e vistoso collare osseo** sulla nuca, dotato di 2 grandi finestre che servivano ad alleggerirne il peso, ma anche a offrire un punto di aggancio ai potenti muscoli masticatori. Aveva inoltre decine di denti adatti a triturare, che gli permettevano di cibarsi dei vegetali più coriacei.

Protoceratops

451. COLLARI DI OGNI FORMA E MISURA

La forma e la dimensione del collare osseo di *Protoceratops* variano nei diversi esemplari trovati, forse a causa dell'età o del sesso dell'animale.

452. SCAMBIO DI UOVA

Il primo nido di dinosauro è stato rinvenuto nello stesso giacimento in cui sono venuti alla luce gli scheletri di *Protoceratops*. Gli studiosi ipotizzarono allora che i nidi appartenessero a questa specie. Solo quando, nel 1933, fu possibile esaminare l'embrione fossilizzato all'interno di un uovo, ci si rese conto che erano in realtà collegati a **Oviraptor**. Le uova di *Protoceratops* non sono ancora state scoperte.

453. GUERRIERO FEROCE

L'esemplare più famoso di *Protoceratops*, disseppellito nel 1971, testimonia di una feroce battaglia combattuta contro *Velociraptor* e terminata con la simultanea morte di entrambi: i due animali sono stati trovati **avvinghiati tra loro**, in posizione di lotta. Questo fa capire bene le grandi capacità di difesa dell'animale.

454. UN NOME IMMERITATO

Il nome *Protoceratops* fu attribuito a questo esemplare intorno al 1920, pensando erroneamente che fosse l'antenato dei grandi **ceratopsi nordamericani**.

455. LEPTOCERATOPS

Visse alla fine del **Cretaceo** in Nord America. Il suo nome significa il dinosauro **"snello dal muso cornuto"**.

456. COM'ERA LEPTOCERATOPS?

Leptoceratops appartiene al gruppo che sta alla base di tutti i **ceratopsi** più grandi e famosi come *Styracosaurus* e *Triceratops*. Poteva raggiungere la lunghezza di 2 metri. Era erbivoro, dotato di un **becco da pappagallo** e di un corto prolungamento osseo sulla parte posteriore del cranio. Aveva le zampe anteriori più corte delle posteriori, quindi è probabile che si muovesse per lo più con andatura bipede, pur potendosi sostenere, quando necessario, sulle 4 zampe.

457. UN ANTENATO CONTEMPORANEO

Leptoceratops era un ceratopside primitivo, nonostante sia vissuto proprio alla fine dell'era dei dinosauri. I suoi giganteschi e famosi parenti, per esempio **Triceratops** e **Torosaurus** furono suoi contemporanei.

Leptoceratops

458. BAGACERATOPS

Visse alla fine del **Cretaceo**. I suoi reperti provengono dalla Mongolia, in Asia e il suo nome significa **"piccolo muso cornuto"**.

Bagaceratops

459. COM'ERA BAGACERATOPS?

Bagaceratops faceva parte del gruppo dei **ceratopsi**. Misurava appena un metro. Era piccolo, ma massiccio e si muoveva in postura quadrupede. Aveva una cresta dentellata lungo il margine posteriore del cranio e un piccolo corno sul muso. Aveva mandibole forti e denti in grado di triturare finemente la vegetazione, di cui si nutriva.

460. UN CICLO DI VITA COMPLETO

Grazie al ritrovamento di **5 crani completi**, 20 crani parziali e **molte altre ossa**, i paleontologi hanno potuto ricostruire l'intero ciclo vitale di *Bagaceratops*.

PACHICEFALOSAURI E CERATOPSI

461. CENTROSAURUS

Visse in Nord America 75 milioni di anni fa, nel **Cretaceo Superiore**. Il nome vuol dire **"rettile con le punte"**.

462. COM'ERA CENTROSAURUS?

Centrosaurus è uno dei **ceratopsidi** più presenti negli strati fossiliferi nordamericani relativi al **Cretaceo Superiore** e ha fornito il nome al gruppo dei ***Centrosaurinae***. Era un grosso dinosauro quadrupede lungo 6 metri, dalla corporatura massiccia e con arti tozzi e forti. Era erbivoro, dotato di un becco da pappagallo e di un **lungo corno nasale**, incurvato in avanti in alcuni esemplari e all'indietro in altri.

463. UN COLLARE CON LE BORCHIE

Il collare di *Centrosaurus* aveva il bordo frastagliato e munito di **punte**. Per l'aggancio della muscolatura, erano presenti 2 ampie finestre, protette da 2 grossi uncini. Un paio di piccole corna si trovava anche sopra agli occhi.

464. UTILE E INDISPENSABILE!

I paleontologi hanno elaborato **diverse teorie** sull'utilità del collare osseo di *Centrosaurus* e degli altri ceratopsi: proteggeva il collo dai morsi dei predatori; serviva per ancorare i potenti muscoli masticatori; era una struttura impiegata dai maschi per attirare l'attenzione della femmina o per aumentare le dimensioni della testa e spaventare i predatori; era uno **strumento di termoregolazione**, per accumulare o dissipare calore; fungeva da convogliatore di suoni. È ipotizzabile che il collare osseo svolgesse **più compiti** contemporaneamente.

465. UN DINOSAURO GREGARIO

Centrosaurus viveva verosimilmente in grandi mandrie. Ciò spiegherebbe la presenza di così tanti esemplari ravvicinati all'interno di un unico livello fossilifero.

466. IL SITO PALEONTOLOGICO PIÙ AFFOLLATO

Durante l'attraversamento di un fiume, poteva capitare che un gruppo di *Centrosaurus* venisse travolto da una piena e molti individui morissero simultaneamente. Vicino alla città di **Hilda**, in Alberta (Canada), è stata scoperta un'area con **migliaia di fossili** di questo animale, di tutte le età e dimensioni: il sito paleontologico con il maggior numero di resti di dinosauri scoperto finora!

Centrosaurus

PACHICEFALOSAURI E CERATOPSI

Strano, ma vero!

467. Storie di paleontologia: gli strani collari di Sinoceratops e Diabloceratops

Nel 2010, hanno visto la luce i resti di 2 nuovi generi di ceratopsidi dall'aspetto singolare. *Sinoceratops* ("ceratopo cinese") è il primo scoperto in Asia, dove visse circa 70 milioni di anni fa, nel tardo Cretaceo. I suoi resti consistono solo in alcune ossa del cranio, che hanno comunque permesso di osservare la struttura del collare osseo. Dal suo margine partivano numerose spine, diverse nell'aspetto da quelle degli altri ceratopsidi: larghe, piatte e ricurve in avanti. Considerata la dimensione del cranio si pensa che questo animale potesse raggiungere la lunghezza di 6-7 metri: notevole, se paragonata a quella dei suoi parenti del gruppo dei centrosaurini.
Diabloceratops popolò anch'esso la Terra nel Cretaceo Superiore, ma i suoi resti (un cranio e un pezzo di mandibola) sono stati raccolti nello Utah, in Nord America. Il nome significa "muso cornuto diabolico" e si riferisce a 2 lunghe corna, alte e con le punte divergenti, che portava sulla sommità del collare dal margine frastagliato. Sugli occhi presentava altre 2 piccole corna, mentre sul muso, al posto del solito corno nasale, aveva 2 gibbosità.

Diabloceratops

Questo esemplare aveva 2 paia di corna che gli conferivano un aspetto diabolico. Da qui, la scelta del nome.

Sinoceratops aveva sul muso, appena sopra le narici, un corno robusto relativamente corto.

Sinoceratops

ORNITOPODI

468. STYRACOSAURUS

I suoi resti provengono dal **Cretaceo Superiore**, dal Canada e dagli Stati Uniti. Il suo nome significa **"rettile con le spine"**.

469. COM'ERA STYRACOSAURUS?

Styracosaurus era lungo oltre 5 metri, camminava su 4 zampe corte e tozze. Aveva **un grande cranio** che terminava con un becco da pappagallo. Dal suo collare osseo sporgevano 6 lunghe spine. Aveva anche un corno nasale lungo e dritto!

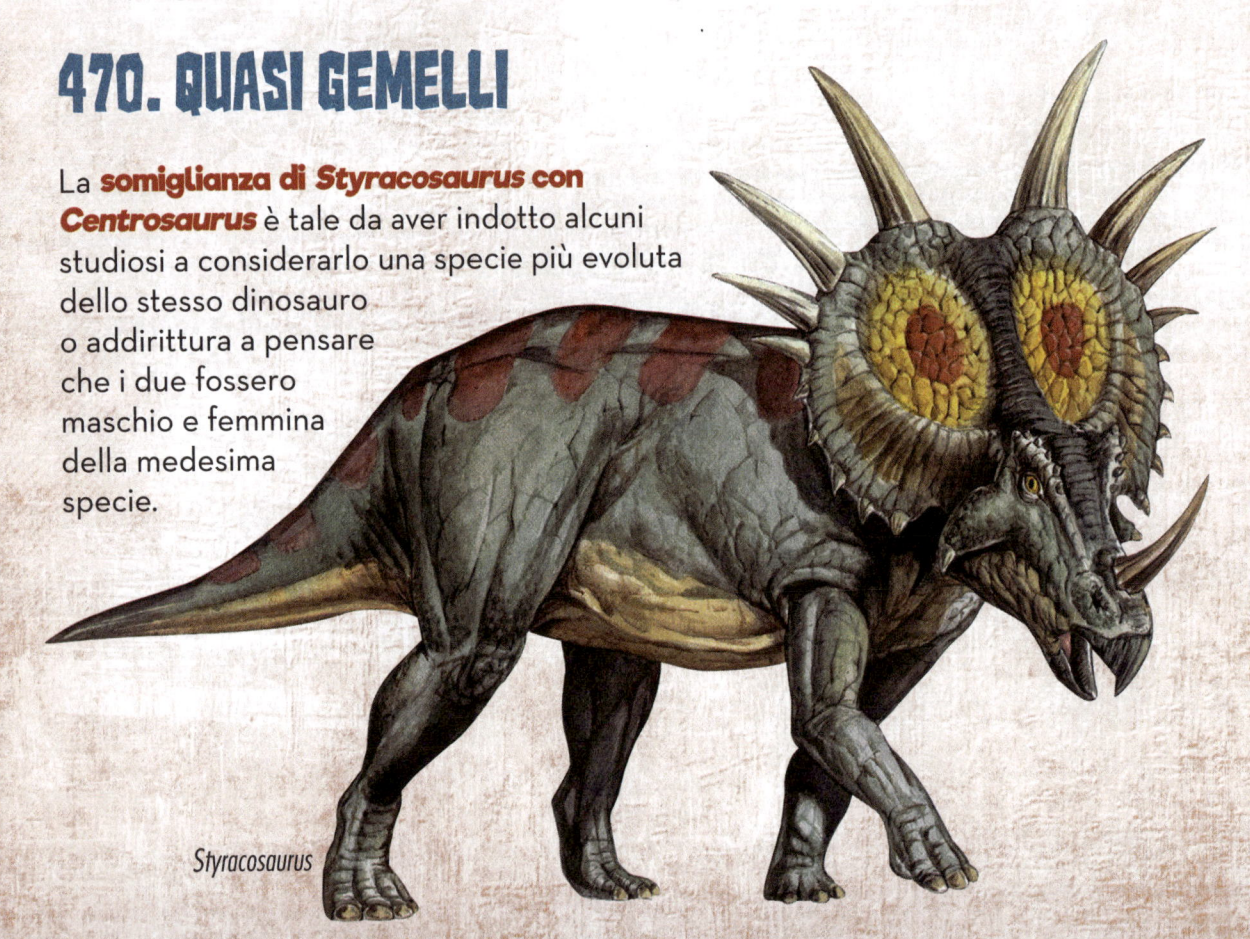

470. QUASI GEMELLI

La **somiglianza di *Styracosaurus* con *Centrosaurus*** è tale da aver indotto alcuni studiosi a considerarlo una specie più evoluta dello stesso dinosauro o addirittura a pensare che i due fossero maschio e femmina della medesima specie.

Styracosaurus

471. BRACHYCERATOPS

Il nome significa **"il corto muso cornuto"** e i suoi resti, come quelli di tutti gli altri ceratopsidi appena citati, provengono dal **Cretaceo Superiore**, dal Nord America.

472. COM'ERA BRACHYCERATOPS?

Di *Brachyceratops* si conoscono solo **5 esemplari giovani**, lunghi circa un metro e mezzo, rinvenuti uno accanto all'altro: forse fratelli o giovani del branco riunitisi per pascolare insieme. Il collare osseo e il corno nasale sono piccoli ed è probabile che con la crescita si sarebbero sviluppati ulteriormente.

473. CLASSIFICAZIONE INCERTA

Uno studio del 2007 ha suggerito che i giovani fossili di *Brachyceratops* potrebbero in realtà rientrare nel genere ***Rubeosaurus***, un'altra specie di dinosauro "cornuto" vissuto nello stesso periodo.

Brachyceratops

474. PACHYRHINOSAURUS

I suoi resti risalgono al **Cretaceo Superiore** e provengono dal Canada e dall'Alaska. Il nome significa **"rettile dal naso spesso"**.

475. COM'ERA PACHYRHINOSAURUS?

Pachyrhinosaurus poteva misurare 7 metri di lunghezza e 2 di altezza. Era un **ceratopside** privo di corna: aspetto particolarmente insolito. Ad eccezione di una punta diritta sulla fronte e di altre 2, ricurve, sul margine del collare osseo, **non aveva spuntoni**. Al posto del corno nasale, il suo cranio mostra una sorta di ispessimento, simile a una gibbosità. È possibile tuttavia che questa struttura fungesse da sostegno per un corno, che non si è però conservato perché costituito di **cheratina** anziché d'osso.

476. IL DINOSAURO MIGRANTE

Pachyrhinosaurus viveva in zone dal clima rigido. Pare che si spostasse in grandi branchi per migliaia di chilometri e che si spingesse, durante le migrazioni anche a **latitudini molto elevate**.

Pachyrhinosaurus

477. CHASMOSAURUS

Il nome significa **"rettile con aperture"**, con riferimento alle 2 grandi finestre presenti sul collare. Visse in Nord America alla fine del **Cretaceo**.

478. COM'ERA CHASMOSAURUS?

Il nome **Chasmosaurinae** deriva da *Chasmosaurus*. L'aspetto di questo dinosauro non si discosta da quello degli altri **ceratopsidi**: era erbivoro e dotato di un grande becco ricurvo e tagliente, si muoveva in postura quadrupede, aveva corpo massiccio e la coda piuttosto corta e robusta. Non era tra i più grandi del gruppo: misurava infatti 5 metri e mezzo di lunghezza. Il cranio era caratterizzato da 3 corna: 2 sulla fronte e 1 sul muso.

Chasmosaurus

479. UN COLLARE IMPORTANTE

Chasmosaurus si distingue per la **lunghezza del collare** osseo. Non si esclude che, come nel caso degli altri ceratopsidi, il suo collare potesse essere colorato a **tinte vivaci** per confondere i predatori o attirare l'attenzione delle femmine.

ORNITOPODI

480. TRICERATOPS

I suoi resti risalgono al **Cretaceo** e sono stati rinvenuti in Nord America. Il suo nome significa **"muso con tre corna"**. Fu uno degli ultimi dinosauri vissuti prima della grande estinzione alla fine dell'Era Mesozoica.

Triceratops

481. COM'ERA TRICERATOPS?

Fu il **ceratopside** più grande. Misurava 8-9 metri di lunghezza e 3 di altezza, aveva una testa enorme, munita di un robusto collare, largo 2 metri, privo di finestre e dentellato lungo il bordo. Il corpo era massiccio e le zampe molto robuste per sorreggere il peso anche durante la corsa.

482. LA TESTA PIÙ GRANDE

La testa di *Triceratops* era una di quelle con le dimensioni maggiori. Sono stati rinvenuti esemplari con il cranio lungo fino a **2 metri e 30 centimetri**.

483. UN GIGANTESCO RINOCERONTE

Triceratops ricorda gli attuali rinoceronti. Probabilmente anche il comportamento era lo stesso. Quando era minacciato da un predatore si difendeva caricando come un rinoceronte odierno. Viveva in **mandrie** di numerosi individui. In caso di pericolo, gli adulti si disponevano in cerchio con le corna rivolte all'esterno, mentre i cuccioli restavano alle loro spalle, all'interno del cerchio.

484. UNA RICOSTRUZIONE PEZZO PER PEZZO

Ad oggi sono state raccolte **decine di crani** di *Triceratops*, ma non è mai stato recuperato uno scheletro completo. Ciò nonostante, la grande quantità di campioni disponibili ha reso possibile una ricostruzione dettagliata dell'animale. La prima specie riconosciuta fu **Triceratops horridus**. In seguito, furono scoperti numerosi esemplari, con dimensioni, crani e corna differenti.

Nel corso degli anni, le specie aumentarono. A partire dagli anni Ottanta del Novecento si tentò di fare ordine all'interno di questo genere: le variazioni anatomiche potevano infatti dipendere dalle diverse età degli animali rinvenuti e dalle differenze tra maschi e femmine. Oggi le specie valide sono solamente 2: *Triceratops horridus* e **Triceratops prorsus**. Quest'ultimo si differenziava poiché aveva un corno nasale puntato dritto davanti al becco (invece in *Triceratops horridus* è risvolto verso l'alto). "Prorsus" in latino significa, appunto, "dritto".

STRANO, MA VERO!

485. STORIE DI PALEONTOLOGIA: L'ANNO DEI CERATOPSIDI

Il 2010 potrebbe essere ricordato dai paleontologi come l'anno dei ceratopsidi. Sono infatti venuti alla luce molti resti di nuove specie. Tra questi, il messicano *Coahuilaceratops*, le cui grandi corna frontali (almeno un metro e 20 centimetri) sono le più lunghe tra i dinosauri!

Kosmoceratops, il "muso cornuto ornato" dello Utah, era munito di 2 affilatissime corna sugli occhi e di un largo collare ornato di uncini che gli sono valsi il titolo di dinosauro con più corna.

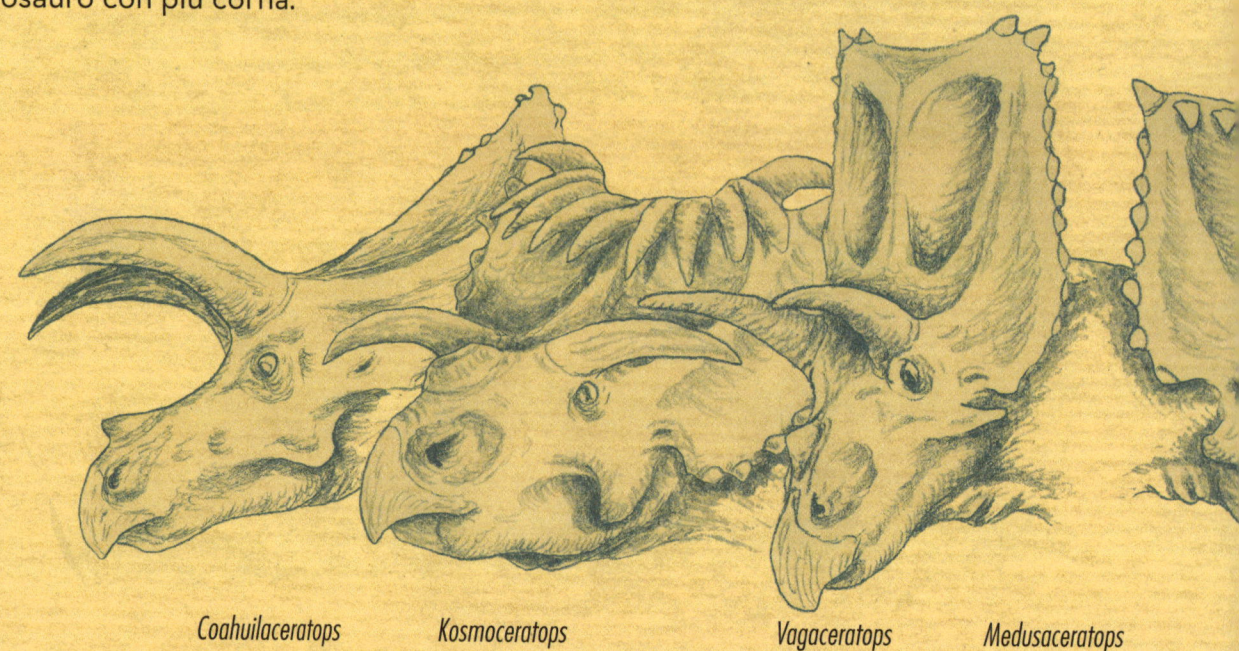

Coahuilaceratops   *Kosmoceratops*   *Vagaceratops*   *Medusaceratops*

Strettamente imparentato con *Kosmoceratops* è il canadese **Vagaceratops**, privo delle corna sopra gli occhi e col margine del collare dotato di punte piatte e ricurve in avanti.

La grande testa di **Medusaceratops**, scoperto nel Montana, presenta invece un collare munito di punte sempre più grandi procedendo verso l'alto, 2 lunghissime corna sopra gli occhi e una gibbosità sul naso.

Il grosso **Utahceratops**, dello Utah, è caratterizzato da un cranio lungo 2 metri, con un corno nasale largo e corto e 2 corna sopraorbitali orientate verso l'esterno.

Tatankaceratops, il "bisonte dal muso cornuto" del Sud Dakota, pare infine in tutto simile a *Triceratops*, ma è lungo solo un metro!

Nel 2011 è stato proposto di creare un nuovo genere, **Titanoceratops**, che, con i suoi 9 metri di lunghezza, risulterebbe uno dei ceratopsidi di maggiori dimensioni.

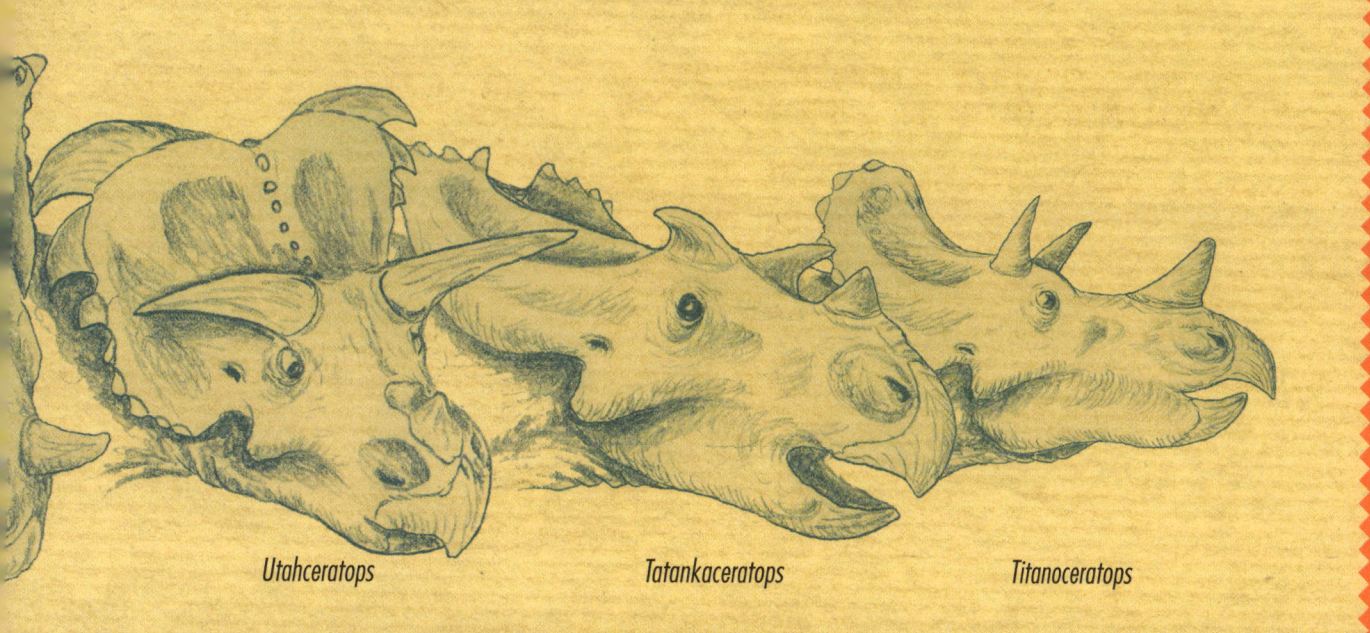

Utahceratops   *Tatankaceratops*   *Titanoceratops*

Dimetrodon

486. UNA CONVIVENZA DIFFICILE

Numerose specie di altri rettili abitarono sul nostro pianeta contemporaneamente ai dinosauri. La competizione sulla terraferma, però era insostenibile: i dinosauri avevano occupato quasi tutti gli habitat e ne erano padroni. I **sinapsidi**, i principali predatori del Permiano, prima dell'arrivo dei rettili nel Triassico, riuscirono a convivere con essi.

487. I RETTILI "MAMMALIANI"

I rettili sinapsidi sono chiamati anche "mammaliani", perché da loro avranno origine i **mammiferi**. Comparvero verso la fine dell'era Paleozoica e vissero fino al periodo Giurassico. Erano pesanti e tozzi, lunghi al massimo 3 metri e mezzo.

488. DIMETRODON

Tra i rettili sinapsidi più conosciuti si trova *Dimetrodon*. Possedeva una sorta di **vela sul dorso**, che poteva servire come pannello orientabile per catturare i raggi del Sole, facilitando così il riscaldamento corporeo.

489. I PLESIOSAURI

Questi **giganti dell'oceano** comparvero tra il Triassico e il Giurassico e furono creature dall'aspetto bizzarro:

Plesiosauri

enormi lucertole con grandi zampe a forma di pinna che muovevano su e giù, come fanno i leoni marini, per planare nell'acqua. I loro colli erano **lunghi e serpentiformi**, le loro teste piccole e con denti acuminate, il corpo tozzo e corto.

I Pliosauri erano un **gruppo particolare di Plesiosauri**. Avevano collo corto e testa enorme. Erano ottimi nuotatori e si cibavano di pesci e belemniti (molluschi cefalopodi molto abbondanti nel Giurassico, simili agli attuali calamari).

Pliosaurus

NON SOLO DINOSAURI

Placodonti

490. I PLACODONTI

Vissero solo nel Triassico. Il loro nome significa **"denti piatti"** perché nella parte posteriore della bocca avevano denti larghi e appiattiti per triturare i molluschi e i crostacei di cui si cibavano. La parte anteriore della bocca era invece **munita di denti a scalpello** per staccare le prede dalle scogliere e dalle rocce. Il corpo, in alcune specie protetto da una corazza ossea, era molto pesante. Le zampe erano corte e la coda molto lunga. Non erano perfettamente adattati alla vita in ambiente acquatico e nuotavano con lentezza.

491. GLI ITTIOSAURI

Furono i **rettili meglio adattati alla vita in acqua**: molto simili nell'aspetto ai delfini, con il corpo idrodinamico e privo di collo, il muso lungo e sottile, numerosi denti aguzzi, pinne per manovrare e una coda vigorosa. I più grandi ittiosauri raggiungevano la lunghezza di 15 metri. La dieta era a base di pesci, molluschi e cefalopodi (come ammoniti e calamari preistorici). Erano in grado di sopportare **lunghissime apnee** ed erano dotati di occhi enormemente sviluppati che permettevano di immergersi anche a **grandi profondità**. Le madri trattenevano le uova nell'addome fino al momento della schiusa e partorivano i figli direttamente in mare.

Ichthyosaurus

Nell'addome del fossile di *Besanosaurus* ritrovato erano conservati anche 4 embrioni. Perciò si pensa che questa specie fosse ovovipara, cioè le uova, incubate nel corpo materno, si schiudevano al momento del parto.

Besanosaurus

NON SOLO DINOSAURI

492. BESANOSAURUS

È stato rinvenuto nel 1993 in Italia, a Besano, in provincia di Varese. Era un **ittiosauro primitivo** e raggiungeva quasi 6 metri di lunghezza. Aveva la coda lunga e la sua testa terminava con un sottile rostro. I denti erano appuntiti, adatti a una dieta a base di cefalopodi.

241

Pteranodon

493. GLI PTEROSAURI

Furono **i primi vertebrati in grado di volare**. Comparvero alla fine del periodo **Triassico** e riuscirono ad adattarsi perfettamente a un ambiente libero da rivali. Nel corso della loro evoluzione modificarono profondamente il proprio aspetto fino a raggiungere **un'anatomia pressoché perfetta per il volo**: comparvero creste aerodinamiche sul cranio o timoni sulla coda e le ossa divennero cave per aumentare la leggerezza. La maggior parte viveva nelle vicinanze di laghi, corsi d'acqua e mari e si cibava di pesci, molluschi, insetti e altri piccoli animali.

Alcuni pterosauri si specializzarono nella loro dieta e svilupparono delle strutture utili a nutrirsi solo di particolari prede. **Pterodaustro**, per esempio, possedeva nel becco una sorta di spazzola, costituita di sottili denti molto fitti, lunghissimi e flessibili per filtrare il plancton e altri minuscoli organismi. **Dsungaripterus** aveva invece il becco a punta e rivolto all'insù per aprire le conchiglie.

494. I RANFORINCHI

Rappresentavano il gruppo di **pterosauri più primitivi**. Possedevano una coda lunga e rigida, erano piccoli e probabilmente volavano battendo i continuazione le membrane alari come fanno i piccioni.

495. PTERANODON

Fu uno degli **pterosauri più evoluti**. Possedeva una cresta sulla parte posteriore del cranio che fungeva forse da timone durante il volo o da richiamo sessuale. Non aveva denti, ma probabilmente aveva una sacca golare per accumulare il cibo. Aveva un'apertura alare di 7 metri, ma pesava solo 17 chili.

496. EUDIMORPHODON

Con le ali aperte misurava quasi un metro. Aveva la **testa grossa** rispetto al corpo e una lunga coda. Forse il suo corpo era ricoperto di una specie di **peluria** per isolarsi dal freddo.

Eudimorphodon

NON SOLO DINOSAURI

497. ESTINZIONE DI MASSA?

Dopo aver dominato il pianeta per quasi tutta un'era, **nel giro di poche decine di migliaia d'anni, i dinosauri scomparvero**. Insieme ai dinosauri si estinsero molti altri animali: pterosauri, rettili marini, gruppi di uccelli e di mammiferi marsupiali, specie di pesci, ammoniti e anche microscopici organismi, come molti foraminiferi e radiolari. Gli scienziati chiamano un evento del genere **estinzione di massa**.

Negli ultimi milioni di anni di esistenza dei dinosauri il nostro pianeta subì **drastici cambiamenti**: variazioni climatiche e ambientali trasformarono il paradiso dei dinosauri in un vero inferno. **Si abbassò la temperatura**, si innalzarono **nuove catene montuose**, scese il livello di alcuni mari e altri si prosciugarono. Molte specie vegetali si estinsero, a causa dello sconvolgimento climatico. Forse i dinosauri erbivori non riuscirono ad adattarsi al nuovo tipo di vegetazione e cominciarono a morire lasciando senza nutrimento anche i carnivori.

In India, più o meno alla fine del **Cretaceo**, ebbero luogo delle importanti eruzioni vulcaniche, che durarono milioni di anni, e liberarono nell'atmosfera grandi quantità di polveri e gas. La vita sul pianeta subì una grave crisi. Quando le polveri si posarono le piante ripresero a crescere, ma i dinosauri ormai erano scomparsi.

Nel 1980, il ricercatore **Luis Alvarez** scoprì che le rocce che risalgono a 65 milioni di anni fa contenevano **iridio** e piccole sfere di **quarzo**. L'iridio è un metallo raro sulla Terra ma comune nei corpi extraterrestri. Il quarzo a sferule si forma invece per shock termico e prova che quelle rocce furono esposte a intenso calore. Nello Yucatan, in Messico, fu inoltre scoperto, sotto uno spesso strato di sedimenti, un **cratere largo più di 250 chilometri**, che risale proprio a quel periodo. Alvarez giunse alla conclusione che alla fine del Cretaceo **un meteorite colpì la Terra**. L'incredibile esplosione provocò terremoti, maremoti e incendi, rendendo l'aria tossica e causando la morte dei dinosauri.

Molti asteroidi hanno colpito la Terra, ma pochi sono collegati con le maggiori estinzioni di massa. Il Chicxulub, caduta nella penisola dello Yucatan, che si pensa avesse un diametro di 12.000 metri, provocò terremoti di magnitudo 10 e giganteschi tsunami e generò una nube di ceneri che potrebbe aver ricoperto l'intera atmosfera terrestre!

LA FINE DELL'ERA DEI DINOSAURI

498. I SOPRAVVISSUTI

Non tutti gli organismi risentirono della grande crisi che colpì il nostro pianeta. Alcuni superarono la catastrofe. Furono quasi tutti **organismi di piccole dimensioni**. Tra i rettili sopravvissero lucertole, coccodrilli, serpenti e tartarughe. Ma ad approfittare maggiormente della fine dell'era dei dinosauri furono i mammiferi e gli uccelli, che divennero i nuovi dominatori del pianeta. Gli **uccelli** diedero origine a giganteschi predatori terrestri, come *Gastornis*, un grande uccello non volatore. Visse in Europa tra il Paleocene e l'Eocene. Poteva raggiungere l'altezza di 2 metri e aveva un grosso becco ricurvo da predatore.

Gastornis

I **cetacei** si evolsero da antenati terrestri. Troviamo così mammiferi come *Ambulocetus*, che rappresenta il momento di transizione in cui i cetacei potevano ancora muoversi sia sulla terraferma sia in acqua. Visse nell'**Eocene**, circa 50 milioni di anni fa, e i suoi fossili provengono dal Pakistan. Misurava 3 metri di lunghezza e probabilmente **cacciava come i coccodrilli**: attendeva le prede nascosto nell'acqua e le aggrediva improvvisamente.

Poi quando, nell'**Oligocene** le foreste si diradarono, comparvero specie gigantesche come *Indricotherium*, un parente dei rinoceronti che visse in Asia tra 30 e 20 milioni di anni fa e rappresenta **il più grande mammifero terrestre conosciuto**. Era lungo 8 metri e alto più di 5. Era un **rinoceronte gigante** ma non presentava il tipico corno dei suoi parenti sul muso. Il cranio misurava un metro e 30 centimetri di lunghezza ed era dotato di incisivi superiori allungati.

"Oligocene" deriva dal greco "oligos" (poco) e "kainos" (nuovo, recente) e si riferisce allo scarso sviluppo di nuove specie di mammiferi.

Indricotherium

LA FINE DELL'ERA DEI DINOSAURI

247

Nel **Pliocene**, invece, il clima cominciò a diventare più freddo, e molti mammiferi si estinsero. È il periodo in cui in Nord America, Europa, Asia e Africa, proliferarono i mammut: **grossi proboscidati**, stretti parenti degli attuali elefanti, fortemente adattati agli ambienti gelidi dei periodi glaciali.

Essi avevano una **lunga e folta pelliccia**, una gobba di grasso sulla schiena, uno spesso strato di grasso sulla pelle per mantenersi al caldo, orecchie piccole per non disperdere calore e lunghe **zanne ricurve** per rimuovere la neve che copriva le piante di cui si cibavano.

Mammut

I mammut erano più grandi degli elefanti attuali e si sono estinti quasi tutti al termine delle glaciazioni.

Un altro animale sopravvissuto ai gravi cambiamenti climitici fu *Ursus Spelaeus*. Visse in Europa e Asia nel **Pleistocene**. Viene chiamato anche **orso delle caverne** poiché i suoi resti fossili si rinvengono abbondanti ancora oggi in molte grotte europee dove si rifugiava. L'orso speleo era più grande degli orsi attuali e si nutriva soprattutto di piante.

L'*Ursus Spelaeus* si estinse al termine dell'ultima glaciazione, 10.000 anni fa!

Ursus Spelaeus

L'*Homotherium* si pensa adottasse comportamenti simili agli attuali leoni. La struttura sociale dei branchi, infatti, era basata su forti gerarchie.

Anche *Homotherium* fu un grande felide, **parente delle tigri** dai denti a sciabola, ma con i canini un po' più corti. Visse in Nord America, Asia ed Europa nel **Pliocene** e **Pleistocene** e cacciava grandi ungulati come *Cervalces*.

Cervalces fu una specie contemporanea di *Homotherium*. Si estinse circa 10.000 anni fa, al termine dell'ultima glaciazione. Somigliava a un **grande alce**, ma con la testa da cervo ed **enormi corna ramificate**.

Homotherium

499. DINOSAURI ANCORA TRA NOI!

In pochi milioni di anni i mammiferi si sono differenziati moltissimo e hanno dato origine a tutti gli ordini che attualmente popolano la Terra, ma i precedenti dominatori del pianeta, i dinosauri, non sono scomparsi del tutto.

Grazie alle ricerche più recenti, oggi i paleontologi sostengono che **sulla Terra sopravvivono i loro eredi: sono gli uccelli, originatisi nel Giurassico** da un gruppo di piccoli teropodi piumati.

Cervalces

LA FINE DELL'ERA DEI DINOSAURI

500. RECORD IMBATTIBILI!

I PIÙ PICCOLI

Mussaurus era lungo qualche centimetro. È stato rinvenuto in Argentina all'interno di un nido assieme ad altri piccoli scheletri e a un paio di uova. Era un cucciolo che avrebbe raggiunto da adulto i 3 metri di lunghezza. **Compsognathus** è il più piccolo dinosauro conosciuto. Agile predatore, lungo un metro al massimo e del peso di un pollo.

Mussaurus   *Compsognathus*

I PIÙ ALTI

Brachiosaurus era alto 14 metri. **Sauroposeidon**: resti frammentari, trovati in Oklahoma, fanno pensare che potesse raggiungere i 18 metri di altezza.

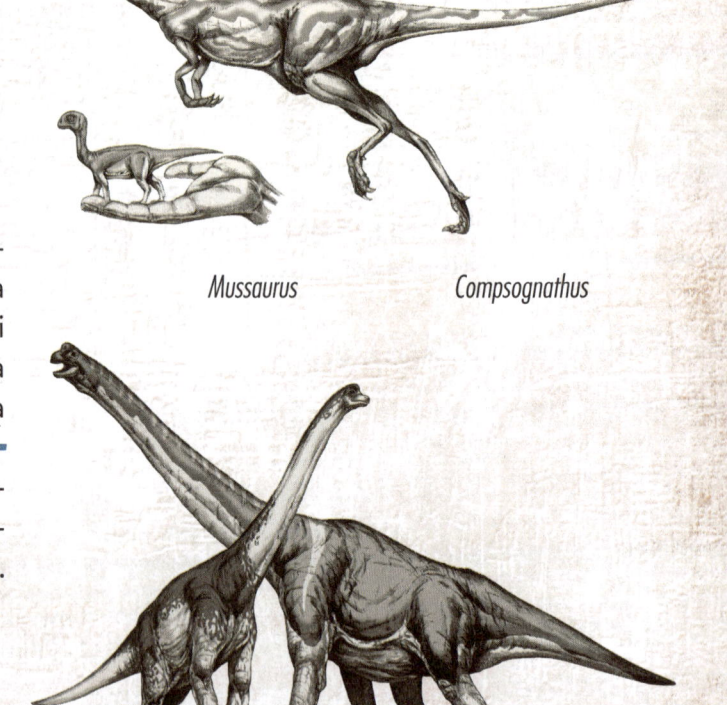

Sauroposeidon   *Brachiosaurus*

CON IL CRANIO PIÙ GROSSO

Pentaceratops aveva la testa lunga più di 3 metri.

Pentaceratops

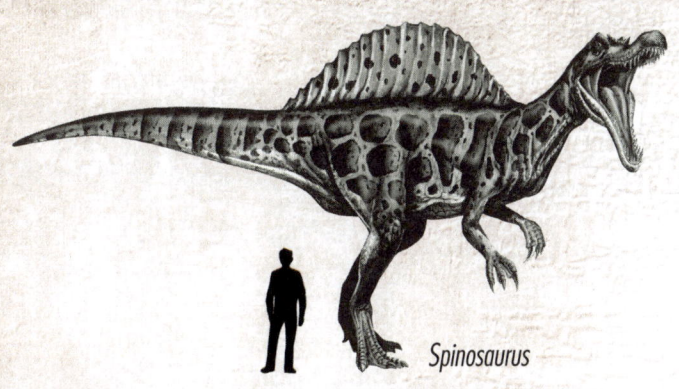

IL PIÙ GRANDE TRA I CARNIVORI

Spinosaurus raggiungeva la lunghezza di 18 metri.

CON GLI ARTIGLI PIÙ LUNGHI

Therizinosaurus era munito di artigli lunghi 60 centimetri e a forma di falce.

IL PIÙ PESANTE

Argentinosaurus pesava fino a 100 tonnellate.

IL PIÙ LUNGO

Diplodocus poteva raggiungere i 50 metri di lunghezza. Solo la coda misurava 26 metri.

Spinosaurus

Therizinosaurus

Diplodocus *Argentinosaurus*

DINOSAURI DA RECORD

A CACCIA DI DINOSAURI!

Esistono tanti musei nel mondo dove è possibile andare a trovare gli animali preistorici! Eccone alcuni tra i più importanti.

- **Argentina, La Plata**: La Plata Museum
- **Australia, Fortitude Valley (Queensland)**: Queensland Museum
- **Belgio, Bruxelles**: Royal Institute of NaturalSciences
- **Canada, Drumheller (Alberta)**: Tyrrel Museum of Paleontology
- **Canada, Ottawa (Ontario)**: National Museum of Natural Sciences
- **Cina, Beijing**: Beijing Natural History Museum
- **Cina, Shangai**: Natural History Museum
- **Francia, Parigi**: National Museum of Natural History
- **Germania, Berlino**: Institute of Natural History and Humboldt University Museum
- **Germania, Francoforte sul Meno**: Senckenburg Museum
- **Germania, Holzmaden**: Hauff Museum of Holzmaden
- **Germania, Solnhofen**: Burger-Meister-Muller Museum of Solnhofen
- **Germania, Stuttgart**: State Museum of Natural History
- **Germania, Tubingen**: Institute and Museum of Geology and Paleontology
- **Giappone, Tokio**: National Science Museum
- **India, Calcutta**: Geology Museum, Indian Statistical Institute
- **Italia, Milano**: Museo Civico di Storia Naturale
- **Italia, Bergamo**: Museo Civico di Storia Naturale
- **Italia, Besano (Varese)**: Museo Civico dei Fossili di Besano
- **Italia, Napoli**: Museo di Paleontologia
- **Mongolia, Ulan Bator**: State Central Museum
- **Regno Unito, Londra**: British Museum
- **Regno Unito, Cambridge**: Sedgwick Museum
- **Regno Unito, Maidstone**: Maidstone Museum
- **Regno Unito, Oxford**: University Museum
- **Regno Unito, Sandown, Isola di Wight**: Museum of Isle of Wight Geology
- **Russia, San Pietroburgo**: Central Geological and Prospecting Museum
- **Russia, Mosca**: Paleontological Museum
- **Stati Uniti, Cambridge (Massachusetts)**: Harvard Museum
- **Stati Uniti, Chicago (Illinois)**: Field Museum of Natural History
- **Stati Uniti, Denver (Colorado)**: Denver Museum of Natural History
- **Stati Uniti, Jensen (Utah)**: Dinosaur National Museum
- **Stati Uniti, Los Angeles (California)**: Los Angeles County Museum of Natural History
- **Stati Uniti, New Haven (Connecticut)**: Peabody Museum of Natural History, Yale University
- **Stati Uniti, New York City (New York)**: American Museum of Natural History
- **Stati Uniti, Princeton (New Jersey)**: Museum of Natural History, Princeton University
- **Stati Uniti, Salte Lake City (Utah)**: Museum of Natural History
- **Stati Uniti, Washington**: National Museum of Natural History. Smithsonian Institution
- **Sud Africa, Cape Town**: South Africa Museum

INDICE DEI NOMI DI DINOSAURI

Abelisaurus 58
Adelobasileus 33
Adrosaurus 205
Albertosaurus 96
Allosaurus 72
Anchiornis 120
Anchisaurus 138
Ankylosaurus 182
Apatosaurus 160
Archaeopteryx 124
Argentinosaurus 156
Bagaceratops 225
Barosaurus 161
Baryonyx 64
Beipiaosaurus 107
Besanosaurus 241
Brachiceratops 231
Brachiosaurus 150
Brontosaurus 160
Camarasaurus 148
Carcharodontosaurus 76
Carnotaurus 60
Celurosauri 80
Centrosaurus 226
Ceratosaurus 55
Cetiosaurus 142
Chasmosaurus 233
Citipati 114
Claudipterix 112
Coelophysis 44
Compsognathus 82
Confuciusornis 128
Cryolophosaurus 54
Dacentrurus 168
Deinonychus 118
Dilophosaurus 53
Dimetrodon 238
Dinosauromorfo 37
Diplodocus 162
Dracorex 216
Dryosaurus 192
Edmontonia 180
Edmontosaurus 206
Elvisaurus 54
Eoraptor 38
Eudimorphodon 243
Euoplocephalus 184
Euparkeria 35
Gallimimus 104
Gastonia 176
Giganotosaurus 77
Giraffatitan 153
Hadrosaurus 205
Herrerasaurus 39
Heterodontosaurus 190
Hesperornis 123
Homalocephale 210
Huayangosaurus 167
Hylaeosaurus 173
Hypsilophodon 191
Ichthyornis 123
Iguanodon 198
Kentrosaurus 172
Lagerpeton 28
Lesothaurus 189
Leptoceratops 224
Maiasaura 207
Mamenchisaurus 145

253

Maniraptora	102
Marasuchus	28
Massospondylus	134
Megalosaurus	63
Megaraptor	79
Melanorosaurus	139
Microraptor	115
Mononykus	108
Mussaurus	135
Muttaburrasaurus	193
Nodosaurus	177
Ornithodira	28
Ouranosaurus	67
Oviraptor	113
Pachycephalosaurus	215
Pachyrhinosaurus	232
Parasaurolophus	209
Pelecanimimus	103
Pisanosaurus	42
Plateosaurus	48
Protoceratops	222
Psittacosaurus	218
Pteranodon	243
Pterodactylus	125
Saltasaurus	157
Saurolophus	208
Sauropelta	181
Sauropodi	34
Sauroposeidon	152
Scipionyx	86
Shunosaurus	144
Sinosauropteryx	84
Sinraptor	70
Spinosaurus	66
Staurikosaurus	43
Stegoceras	214
Stegosaurus	170
Struthiomimus	105
Stygimoloch	216

Styracosaurus	230
Tarbosaurus	90
Tenontosaurus	194
Tethyshadros	204
Therizinosaurus	106
Thyreophora	166
Tianyulong	190
Triceratops	234
Troodon	121
Tyrannosaurus	92
Velociraptor	116
Yangchuanosaurus	71